簡易裁判所における交通損害賠償訴訟事件の審理・判決に関する研究

平成27年度司法研究

研　究　員

東 京 地 方 裁 判 所 判 事　　村　主　隆　行

東 京 地 方 裁 判 所 判 事　　松　川　まゆみ

東 京 簡 易 裁 判 所 判 事　　上　田　正　俊

東 京 簡 易 裁 判 所 判 事　　藤　岡　謙　三

明 石 簡 易 裁 判 所 判 事　　宇都宮　庫　敏
（委嘱時　大阪簡易裁判所判事）

津 島 簡 易 裁 判 所 判 事　　矢　倉　章　三
（委嘱時　名古屋簡易裁判所判事）

協力研究員

東京家庭裁判所主任書記官　　岩　下　幸　雅
（委嘱時　東京簡易裁判所主任書記官）

大阪地方裁判所主任書記官　　岡　本　幸　治
（委嘱時　大阪簡易裁判所主任書記官）

まえがき

　この資料は，司法研究報告書第67輯第1号として，司法研修所から刊行されたものです。

　実務に携わる各位の好個の参考資料と思われるので，当局のお許しを得て頒布することといたしました。

平成28年12月

　　　　　　　　　　　　　　　　　　　　一般財団法人　法　曹　会

は　し　が　き

　本研究は，簡易裁判所における交通損害賠償訴訟事件（ただし，物損事故事件に限る。）の審理・判決の在り方を研究するものである。

　物損事故事件は，実況見分調書が作成されないなど客観的な証拠が少ないことから，事実認定に悩むことが多く，裁判官にとって難しい事件の一つといえる。しかし，低額の物損事故事件は国民に身近な紛争の一つといえることから，国民に身近な紛争を簡易迅速に解決する役割を担う簡易裁判所において解決するのが望ましい。ところが，簡易裁判所の物損事故事件は弁護士保険特約の普及に比例して年々増加しており，これに伴って審理期間が長期化し，判決書作成にかかる裁判官の負担も増大している。また，これまで本人訴訟を中心に審理運営を行ってきた簡易裁判所の裁判官が弁護士に適切に対応できているかという問題もある。簡易裁判所の物損事故事件の審理・判決は現在このような状況にあり，このままでは簡易迅速な審理・判決の実現という簡易裁判所の役割を果たせないのではないかとの懸念がある。そこで，弁護士関与訴訟にも対応できる物損事故事件の在るべき審理・判決モデルを作成し，これを簡易裁判所の裁判官に実践してもらうことによって簡易迅速な審理・判決を実現しようとするのが本研究の目的である。

　本研究に当たっては，研究員・協力研究員において簡易裁判所の判決書を100通以上分析し，汎用性のある判決モデル案を作成した。その上で，その判決モデル案を東京，大阪，名古屋及び横浜の各地方裁判所の交通部裁判官並びに簡易裁判所における物損事故事件について豊富な経験を有する東京の弁護士4名（伊藤まゆ弁護士，垣内惠子弁護士，円谷順弁護士，飯島雅人弁護士）の方々に見ていただき，控訴審及び当事者の立場から貴重なご意見を頂いた。また，東京の弁護士4名の方々には実際に本報告書を読んでいただき，本報告書に対しても数々の貴重なご意見を頂いた。本研究にご協力いただいた各地裁の交通部裁判官及び弁護士の方々に対し，心からお礼を申しあげたい。さらに，東京簡易裁判所の裁判官及び書記官の方々からも本報告書で示した審理・判決モデルに対して有益なご意見を頂いた。併せてお礼を申しあげたい。

　このように本報告書で示した審理・判決モデルは，控訴審の立場，当事者の立場，簡易裁判所の立場から頂いたご意見を踏まえて作成したものであるが，最終的な責任は本報告書を作成した研究員・協力研究員にあることはいうまでもない。また，本報告書に記載した争点整理及び事実認定に関する基本的な事項並びに民事訴訟法280条を活用した判決書の記載事項は，物損事故事件以外の民事訴訟事件にも応用できると考えている。本報告書が，簡易裁判所の物損事故事件の審理・判決にとどまらず，それ以外の事件の審理・判決にも参考になれば望外の喜びである。

　最後に，司法研修所，最高裁判所事務総局民事局，各研究員・協力研究員所属の裁判所には，本研究について多大なご配慮を頂いた。ここに改めて謝意を表したい。

平成28年11月

目　次

第1編　本編	1
第1　本研究の概要	1
1　本研究の目的	1
2　簡易裁判所の交通損害賠償訴訟事件の実情と研究の必要性	1
3　交通損害賠償訴訟事件をめぐる裁判所内の検討状況と本研究の位置付け	5
4　本書の構成	6
第2　裁判官が理解しておくべき事項	7
1　はじめに	7
2　争点整理に関する事項	7
(1)　物損事故事件の争点	7
(2)　責任に関する争点	9
ア　はじめに	9
イ　加害者又は被害者の過失が争点になっている場合	9
ウ　過失割合が争点になっている場合	10
(3)　損害に関する争点	13
ア　はじめに	13
イ　修理費	13
ウ　買替差額	14
エ　評価損	14
オ　代車料	15
3　事実認定に関する事項	17
(1)　はじめに	17
(2)　動かし難い事実との整合性	17
ア　動かし難い事実の意義	17
イ　事故現場の道路状況及び車の損傷状況との整合性	17
ウ　事故現場の道路状況及び車の損傷状況以外の動かし難い事実との整合性	18
(3)　動かし難い事実との整合性によって当事者等の供述の信用性が判断できない場合	18
第3　審理の進め方	21
1　はじめに	21
2　第1回口頭弁論期日前の準備	21
(1)　原告に対するもの	21
ア　重要な書証の提出の促し	21
イ　参考事項聴取	22
(2)　被告に対するもの	23

(3) 裁判所書記官の役割 …………………………………………………… 23
3 当事者がそろう最初の口頭弁論期日の審理 ………………………………… 23
　(1) はじめに ………………………………………………………………… 23
　(2) 争点の確認 ……………………………………………………………… 23
　(3) 必要書証の提出の促し ………………………………………………… 24
　(4) その後の審理の進め方の確認 ………………………………………… 26
4 その後の審理 …………………………………………………………………… 26
　(1) はじめに ………………………………………………………………… 26
　(2) 責任に関する争点の整理 ……………………………………………… 27
　(3) 人証調べの要否の見極め ……………………………………………… 27
5 人証調べ ………………………………………………………………………… 28
6 司法委員の活用 ………………………………………………………………… 29
　(1) 司法委員制度（民訴法279条）の意義 ……………………………… 29
　(2) 交通損害賠償訴訟事件における司法委員の関与 …………………… 30
　(3) 司法委員の指定方法及び指定時期 …………………………………… 31
　(4) 司法委員との評議 ……………………………………………………… 31
　(5) 裁判所書記官の役割 …………………………………………………… 32
7 和解 ……………………………………………………………………………… 32
　(1) はじめに ………………………………………………………………… 32
　(2) 和解勧告の時期 ………………………………………………………… 33
　(3) 和解案の提示方法 ……………………………………………………… 33
　　※ 書面による和解案の例 ……………………………………………… 35

第4 新モデルの解説 ………………………………………………………………… 38
1 民訴法280条とその活用 ……………………………………………………… 38
2 民訴法280条による判決書の記載事項 ……………………………………… 38
3 新モデルの記載事項 …………………………………………………………… 39
　※【新モデル】 …………………………………………………………… 40
　※ 新モデルの記載事項の説明 …………………………………………… 45
　※【参考】当事者の主張を記載した例 ………………………………… 50

第5 新モデルの具体例 ……………………………………………………………… 55
1 ケース1 ………………………………………………………………………… 57
　駐車場における衝突事故で，事故態様が中心的争点になり，車の損傷状況から事故態様が認定できたケース
2 ケース2 ………………………………………………………………………… 65
　客を乗せて発進しようとしたタクシーとタクシーを追い越そうとした車両が接触した事故で，追越車両運転者の過失（予見可能性）及び過失割合が争点になったケース

3　ケース3 ··· 73
　　駐車場における衝突事故で，争点整理の結果，責任に関する争点が被告の過失（結果回避可能性）に絞られたケース

4　ケース4 ··· 81
　　同一方向進行車両同士の接触事故で，事故態様が中心的争点になり，車の損傷状況から事故態様が認定できたケース

5　ケース5 ··· 92
　　同一方向進行車両同士の衝突事故で，事故態様が中心的争点になり，車の損傷状況だけでは事故態様が認定できず，それ以外の動かし難い事実から事故態様を認定したケース

6　ケース6 ··· 105
　　交差点における出合い頭衝突事故で，信号の色が争点になり，事故現場の道路状況から信号の色が認定できたケース

7　ケース7 ··· 113
　　交差点における出合い頭衝突事故で，信号の色が争点になり，車の損傷状況及び事故現場の道路状況からは信号の色が認定できず，供述の一貫性によって当事者の供述の信用性を判断したケース

8　ケース8 ··· 121
　　事故態様，被告の過失及び原告の過失は争いがなく，過失割合のみが争点になったケース

9　ケース9 ··· 128
　　駐車場における衝突事故で，争点整理を通じて，争点について当事者と共通認識を形成し，供述の具体性等によって当事者の供述の信用性を判断したケース

10　ケース10 ·· 138
　　原告車と被告車が接触したかどうかが争点になり，車の損傷状況から接触の事実は認められないと判断したケース

第2編　資料編 ··· 143
　資料1　平成25年度簡易裁判所民事事件担当裁判官等事務打合せ資料
　　　　（簡略判決モデル） ··· 144
　資料2　ある庁が作成した書証提出に関する書式 ··· 166
　資料3　ある庁が作成した書証提出に関する書式 ··· 167
　資料4　研究員・協力研究員が作成した書証提出に関する書式 ······························· 169
　資料5　ある庁が作成した参考事項聴取に関する書式 ·· 170
　資料6　研究員・協力研究員が作成した参考事項聴取に関する書式 ························· 171

本編

献本

第1編　本　編

第1　本研究の概要

1　本研究の目的

　　本研究は，増加している簡易裁判所における交通損害賠償訴訟事件の物損事故事件について，弁護士関与訴訟にも対応できる簡易迅速な審理の在り方を研究するとともに，民事訴訟法（以下「民訴法」という。）の定める簡易裁判所の特則を踏まえた判決書の在り方を研究し，汎用性のある判決モデルを示すことを目的とするものである。

2　簡易裁判所の交通損害賠償訴訟事件の実情と研究の必要性

（1）簡易裁判所の民事訴訟事件（通常）[1]は，平成21年以降，減少傾向にあるが（【図1】），簡易裁判所の交通損害賠償訴訟事件（通常）は，弁護士保険特約の普及に比例して年々増加を続けており，平成27年の新受件数（通常訴訟）は1万9473件（速報値）と平成17年の約4倍となり（【図2】），それに伴って控訴も増加している（【図3】）。

【図1】簡裁民事訴訟事件（通常）の新受件数の推移

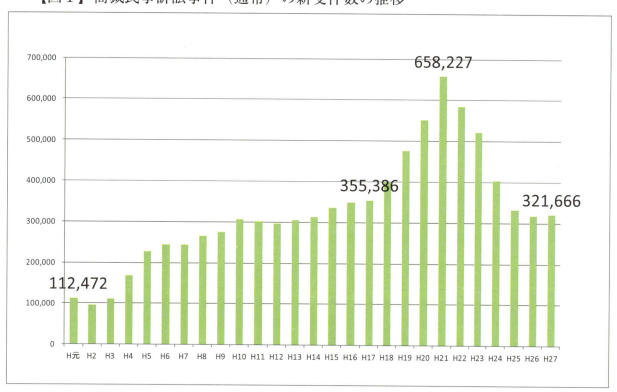

---

[1] 民事訴訟事件（通常）は，少額訴訟事件を除く，民事通常訴訟事件を意味する。

【図2】簡裁交通損害賠償訴訟事件(通常)の新受件数及び弁護士保険販売件数の推移

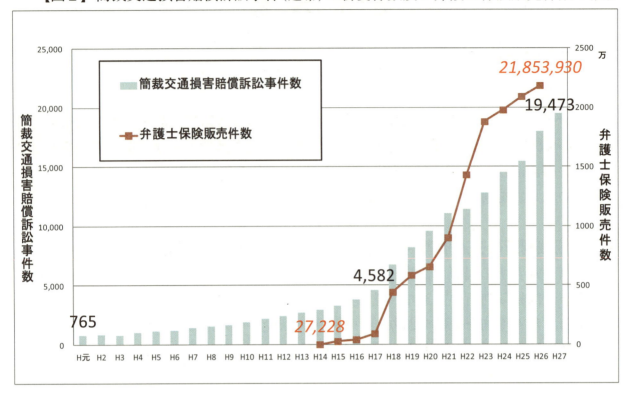

【図3】簡裁交通損害賠償訴訟事件の控訴事件（(レ)号事件）の新受件数の推移

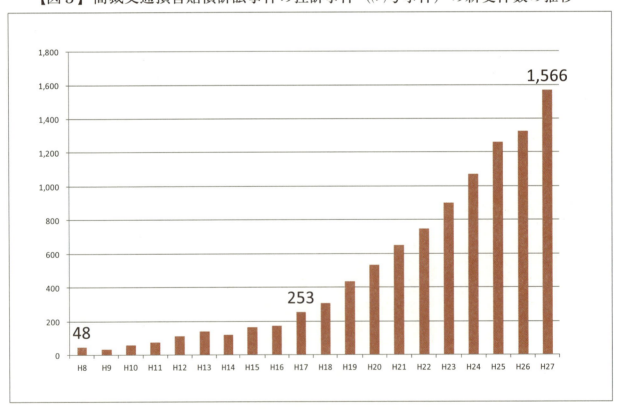

　そして，交通損害賠償訴訟事件においては，簡易裁判所の他の民事訴訟事件と比較して欠席判決が少なく，争いのある事案が多い上（【図4】），簡易裁判所に提訴される交通損害賠償訴訟事件の多くを占める物損事故事件では，実況見分調書が作

成されないなど客観的な証拠が少ないことから、事実認定に悩むことが多い。また、簡易裁判所の交通損害賠償訴訟事件に弁護士が関与する割合は9割を超えているが（【図5】），これまで本人訴訟を中心とした審理運営を行っていた簡易裁判所の裁判官において，地方裁判所の審理及び判決に慣れた弁護士に適切に対応できていないのではないかとの意見も見られる[2]。簡易裁判所の交通損害賠償訴訟事件は，上記のような特徴から，審理期間が長期化しつつあり（【図6】），それに伴って判決書も長くなる傾向にある[3]。

【図4】平成27年の簡裁民事訴訟事件（通常）の既済事件の内訳（全事件，交通損害賠償訴訟事件）

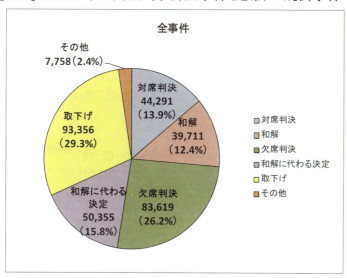

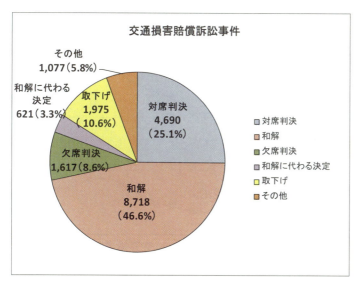

---

[2] 東京，大阪，名古屋及び横浜の各地方裁判所の交通部裁判官に対するヒアリング結果（以下「地裁裁判官に対するヒアリング結果」という。）及び東京の弁護士4名（伊藤まゆ弁護士，垣内惠子弁護士，円谷順弁護士，飯島雅人弁護士）に対するヒアリング結果（以下「弁護士に対するヒアリング結果」という。）。また，本研究のために収集した簡易裁判所の判決書（100通以上）の分析結果からも，そのような状況にあることが見て取れた。

[3] 注2と同じ。

【図5】簡裁民事訴訟事件（通常）の弁護士関与率の推移

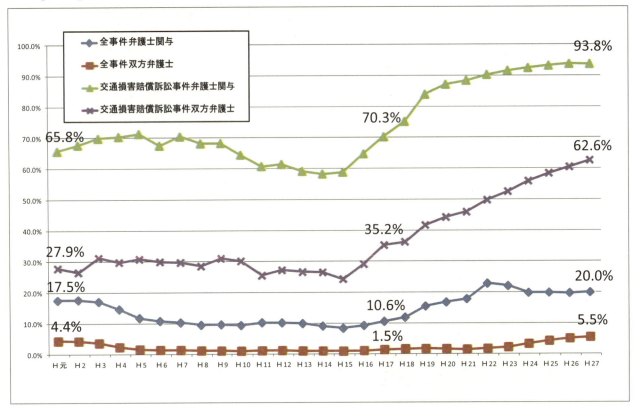

【図6】簡裁民事訴訟事件（通常）の平均審理期間の推移

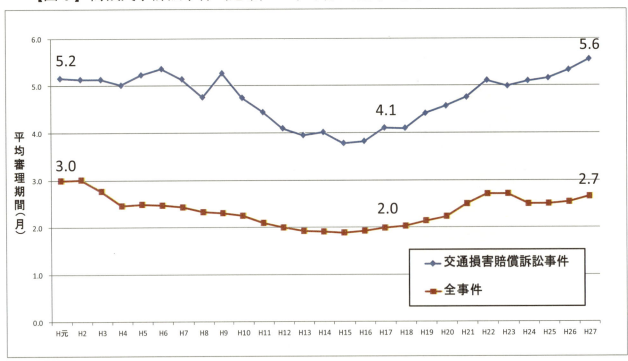

(2) ところで，簡易裁判所の民事訴訟事件においては，日常頻繁に生じる低額の紛争について，国民に身近な裁判所として，簡易な手続により迅速に紛争を解決するものとされており（民訴法270条），訴額に応じた簡にして要を得た審理及び判決を実現するため，審理及び判決書の記載事項の特則（民訴法271条以下）が設けられている。

ところが，簡易裁判所の交通損害賠償訴訟事件については，上記(1)のような状況にあることから，本来，簡易裁判所に求められている簡易迅速な審理及び判決を実現することができていないのではないかとの懸念がある。今後，簡易裁判所が目指す方向性としては，①難しい事件は早期に地方裁判所に移送して国民に身近な紛争の解決に注力するという方向性と，②一定の難しい事件であっても，地方裁判所のバックアップを受けてレベルアップを図り紛争の解決に努めるという方向性とが考えられるが，低額の交通損害賠償訴訟事件の物損事故事件は，国民に身近な紛争の一つといえるから，弁護士が関与し事実認定が悩ましくても，簡易裁判所において簡易迅速に解決することが社会全体の紛争解決に資すると思われる。

以上の点を踏まえると，簡易裁判所の交通損害賠償訴訟事件の物損事故事件については，簡易な手続により迅速な事件処理を行うという簡易裁判所の特色を活かしながら，弁護士関与訴訟にも対応できるよう，在るべき審理プラクティスを検討する必要がある。また，簡易裁判所の判決書の記載事項の特則（民訴法280条）を活かした判決書の在り方も検討する必要がある。

3 交通損害賠償訴訟事件をめぐる裁判所内の検討状況と本研究の位置付け

これまでも，簡易裁判所においては，過払金返還請求訴訟事件の新受件数が落ち着きを見せはじめた平成22年以降，低額で身近な紛争を適切に解決するための訴訟運営方策が課題となり，特に，双方弁護士関与型の訴訟事件については，交通損害賠償訴訟事件を例として議論されてきた。その後も，弁護士関与型の交通損害賠償訴訟事件は増加を続け，各種の協議会や司法研修所で実施された研究会等においても，同訴訟の審理運営や判決の在り方が議論され，平成25年11月28日に開催された平成25年度簡易裁判所民事事件担当裁判官等事務打合せにおいては，簡易裁判所の交通損害賠償訴訟事件の審理のポイントのほか，判決モデル（以下「平成25年モデル」という。）[4]についても議論がされた。

本研究では，これまでの簡易裁判所における議論状況のほか，東京地方裁判所，大阪地方裁判所，名古屋地方裁判所及び横浜地方裁判所の交通部の裁判官の意見並びに

---

[4] 本研究には，巻末資料の資料1として，最高裁判所事務総局民事局から提供を受けた平成25年モデルを添付した。平成25年モデルは，東京簡易裁判所，大阪簡易裁判所，東京地方裁判所交通部及び大阪地方裁判所交通部の裁判官有志の意見を踏まえて作成されたものであり，前記事務打合せの結果要旨とともに全国の裁判官等に情報提供されたものである。この平成25年モデルは，本研究の目的である簡易裁判所の判決書の特則（民訴法280条）を活かした簡易な判決書の在り方を考える上で極めて有用な資料であり，本研究においても参考にした。

簡易裁判所における物損事故事件について豊富な経験を有する東京の弁護士4名の意見等も参考にしつつ，研究員において新たな判決モデル（以下「新モデル」という。）を作成した。また，新モデルによる判決書が汎用性のある判決モデルであることを理解してもらうために，実務でよく見られるケースを複数取り上げて，ケースごとに新モデルによる判決書を示した[5]。

このように，本研究の最大の目的は，簡易迅速な審理及び判決の実現という本来の簡易裁判所の役割を果たすために，民訴法280条を活かした汎用性のある判決モデル（新モデル）を示し，簡易裁判所の裁判官にその趣旨や考え方を正しく理解してもらい実践してもらうところにある。

4　本書の構成

簡易な判決書とは，当然のことながら単に分量が少なければよいというわけではなく，重要なポイントを押さえた簡にして要を得たものである必要がある。そして，簡にして要を得た判決を書くためには，判決書と審理運営は表裏一体の関係にあるといわれるように，争点整理や事実認定を適切に行う必要がある。最終的に判決書で何を認定する必要があるかという出口を見据えて，そのために必要な主張と証拠を整理し，もって心証形成をする必要があるということである。そこで，本書では，まず，争点整理や事実認定を適切に行うために裁判官が理解しておくべき事項を解説し（第2），その上で，簡易迅速な審理を実現するための審理の在り方を示す（第3）。次に，民訴法280条を活かした判決モデル（新モデル）を解説し（第4），その上で，10個のケースについて新モデルによる判決書を示す（第5）。

---

[5] 本書で取り上げるケースはいずれも，研究員が実際にあった事例を参考に作成した架空の事例である。

第2 裁判官が理解しておくべき事項

1 はじめに

重要なポイントを押さえた簡にして要を得た判決を書くためには，争点整理及び事実認定を適切に行う必要がある。しかし，基本的な知識が欠けていると，かえって審理が複雑になり，事案の本質をつかんだ簡易迅速な審理ができなくなるおそれがあるから，簡易迅速な審理，簡にして要を得た判決が求められる簡易裁判所の裁判官においても，交通損害賠償訴訟に関する基本的な事項は理解しておく必要がある。そこで，争点整理及び事実認定を適切に行うために裁判官が理解しておくべき交通損害賠償訴訟に関する基本的な事項を，争点整理に関する事項と事実認定に関する事項に分けて解説する。

2 争点整理に関する事項

(1) 物損事故事件の争点

物損事故事件の基本型は，被害者が所有・運転する車両と加害者が運転する車両とが衝突した事故に関し，被害者が加害者に対し，不法行為（民法709条）に基づき，被害者の物件損害（被害車両の修理費用等）の賠償を求める形態である。

訴訟物は，被害者の加害者に対する不法行為（民法709条）に基づく損害賠償請求権である。そして，民法709条は，「故意又は過失によって他人の権利又は法律上保護される利益を侵害した者は，これによって生じた損害を賠償する責任を負う。」と規定しているから，被害者は，請求原因として，民法709条の要件である，①加害者の故意又は過失，②①によって権利又は法律上保護される利益を侵害されたこと，③②によって生じた損害を主張・立証しなければならない[6]。

また，被害者に過失があるとき，裁判所は過失相殺をすることができる（民法722条2項）。過失相殺は当事者の主張がなくても職権ですることができるが[7]，実務では加害者が被害者の過失を主張する場合がほとんどである。そして，被害者の過失を基礎づける事実の立証責任は加害者にあるとされている[8]。したがって，過失相殺は加害者が主張・立証すべき抗弁と理解しておけばよいと考えられる[9]。

---

[6] ②及び③については，被害者は，加害者の過失によって自己が所有する車両が損傷したこと（所有権が侵害されたこと）及びこれによって修理費用等の損害が生じたことを主張・立証することになるのが通常である。もっとも，車両の所有者以外の者が，車両が損傷したことによる損害の賠償を求める場合もある。例えば，賃借人，リース契約におけるユーザー，所有権留保特約付売買契約における買主等が，自己が使用する車両が損傷したことによって生じた損害の賠償を求める場合である。このような場合には，その者がその損害賠償請求権を有する根拠について注意する必要があり，この点については後記注42の参考文献を参照されたい。

[7] 最判昭和41年6月21日民集20巻5号1078頁。

[8] 最判昭和43年12月24日民集22巻13号3454頁。この判例は民法418条による過失相殺の判例であるが，その趣旨は民法722条2項による過失相殺にも当てはまると考えられる。

[9] 職権で過失相殺をするときは，被害者にとって不意打ちとならないように注意する必要がある。

このように，物損事故事件では，①加害者の故意又は過失，②①によって権利又は法律上保護される利益を侵害されたこと，③②によって生じた損害並びに④被害者の過失及び過失割合（過失相殺）が争点になりうるが，加害者の故意が争点になることは稀であり，①で争点になるのは加害者の過失である。そして，これらの争点は，責任に関する争点（①，④）と損害に関する争点（②，③）に分けられる。

> **!! 注 ── 被害者側の過失**
>
> 　基本型の事例で，被害車両の運転者が被害車両の所有者以外の者であった場合，いわゆる被害者側の過失が問題となる。
>
> 　民法722条2項の「被害者」の過失には，被害者本人の過失だけでなく，被害者側に属する者の過失も含まれる[10]。ここで被害者側に属する者とは，被害者と身分上ないし生活関係上一体を成すとみられる関係にある者をいう[11]。
>
> 　被害者が，被害車両の運転者が被害者と身分上ないし生活関係上一体を成すとみられる関係にあることを争わない場合，裁判所は，被害車両の運転者の過失を理由に過失相殺をすることができると考えられる（「第5　新モデルの具体例」のケース3参照）。しかし，被害者が，そのことを争う場合，裁判所は，被害車両の運転者が被害者と身分上ないし生活関係上一体を成すとみられる関係にあることを認定・判断しなければ，被害車両の運転者の過失を理由に過失相殺をすることができない。

> **✎ 補論 ── 物損事故事件の応用型**
>
> 　基本型の事例で，被害者と損害保険契約を締結している保険会社が，被害者に保険金を支払ったことにより被害者の損害賠償請求権を代位取得したとして，加害者に対し，不法行為（民法709条）に基づき，被害者の物件損害の賠償を求める事例がある（求償金請求事件）。また，基本型の事例で，被害者が，加害者の使用者に対し，使用者責任（民法715条）に基づき，被害者の物件損害の賠償を求める事例がある。いずれも実務上よく見られる事例であるが，これらの事例も，①加害者の過失，②①によって権利又は法律上保護される利益を侵害されたこと，③②によって生じた損害並びに④被害者の過失及び過失割合（過失相殺）が争点になりうることは，基本型の事例と同じである。

---

[10] 最判昭和34年11月26日民集13巻12号1573頁。
[11] 最判昭和42年6月27日民集21巻6号1507頁。

> 【物損事故事件の争点のポイント】
> ☞ 物損事故事件の争点は、責任に関する争点と損害に関する争点とに分けられる。
> ☞ 責任に関する争点は、加害者の過失、被害者の過失及び過失割合である（被害者の過失は、厳密に言えば被害者側の過失であるが、本書では「被害者の過失」と記載する。）。
> ☞ 損害に関する争点は、加害者の過失によって権利又は法律上保護される利益を侵害されたこと及びこれによって生じた損害である。

(2) 責任に関する争点
　ア　はじめに
　　責任に関する争点は、加害者の過失、被害者の過失及び過失割合の3点である。事件は、①これらが全て争点になる事件、②加害者（又は被害者）の過失は争いがなく、被害者（又は加害者）の過失及び過失割合が争点になる事件、③加害者の過失及び被害者の過失は争いがなく、過失割合のみが争点になる事件の3つに分けられる。争点整理を適切に行うためには、まず、当該事件が3つのうちのどれに当たるかを早期に把握する必要がある。

　イ　加害者又は被害者の過失が争点になっている場合
　　加害者又は被害者の過失が争点になっている場合、裁判官は、過失とは何かを理解した上で、争点に対する判断をしなければならない。
　　過失とは、結果の発生を予見でき（予見可能性の存在）、それを回避するための適切な行動を執ることができた（結果回避可能性の存在）のであるから、結果を回避する義務があるのにそれを怠ったこと、すなわち、予見可能性及び結果回避可能性があることを前提とした結果回避義務違反をいう。そして、過失はいわゆる規範的要件であるから、過失自体が主要事実になるわけではなく、過失を基礎づける具体的事実が主要事実になる（主要事実説[12]）。したがって、被害者が加害者に過失があると主張し、加害者がこれを争う場合、被害者は、「本件事故の発生につき加害者に過失がある。」と主張するだけでは足りず、加害者が当該事故を予見できたこと及び当該事故を回避するための適切な行動を執るべきであったのにそれを怠ったことを具体的に主張・立証しなければならない。
　　もっとも、道路交通法規は、日常生活の中で一般に生じうる典型的事故事例を想定し、そこからの交通関与者の保護を目的とした規範としての性格も有しているから、道路交通法違反等の注意義務違反（定型的注意義務違反）があれば、加害者の過失が認められるとみることができる。そこで、交通損害賠償訴訟では、

---
[12] 増補民事訴訟における要件事実第一巻・司法研修所・30頁以下。

被害者は，事故態様を具体的に主張した上で，加害者に定型的注意義務違反（速度遵守義務違反，前方注視義務違反，一時停止ないし徐行義務違反，速度調節義務違反等）があったことを主張・立証すれば足りるといわれている[13]。

ところで，実務において，被害者は，事故態様は具体的に主張するものの，加害者の定型的注意義務違反の内容は主張しないことが多い。これは，事故態様を具体的に主張すれば，加害者の定型的注意義務違反の内容が明らかになることが多いからである（例えば，追突事故であることを主張すれば，加害者の定型的注意義務違反は前方注視義務違反や車間距離保持義務違反であることが明らかになる。）。しかし，被害者が主張する事故態様からは必ずしも加害者の定型的注意義務違反が明らかにならない場合は，裁判官は被害者に対し，加害者の定型的注意義務違反の内容を明らかにするよう求める必要がある（「第5　新モデルの具体例」のケース2及びケース9参照）。

加害者が被害者に過失があるとして過失相殺を主張する場合も，事故態様によっては，不意打ち防止の観点から，被害者の定型的注意義務違反の内容を明らかにするよう求める必要がある。

【過失が争点になっている場合のポイント】
☞　過失とは，予見可能性及び結果回避可能性があることを前提とした結果回避義務違反をいう。
☞　過失は規範的要件であるから，過失を基礎づける具体的事実が主要事実になる。
☞　交通損害賠償訴訟では，被害者は，事故態様を具体的に主張した上で，加害者に定型的注意義務違反があったことを主張・立証する必要がある。
☞　被害者が主張する事故態様から加害者の定型的注意義務違反が明らかにならない場合，裁判所は被害者に対し，加害者の定型的注意義務違反の内容を明らかにするよう求める必要がある。

ウ　過失割合が争点になっている場合

過失割合は，加害者及び被害者に過失が認められて初めて問題になる。当然のことながら，加害者又は被害者に過失が認められない場合，過失割合は問題にならない[14]。

---

[13] 例題解説交通損害賠償法・法曹会25頁以下。これに対して加害者は，被害者の道路交通法違反等の異常な事態により結果が具体的に予見し又はこれを回避することができなかったことを特段の事情として主張・立証することになるといわれている（同書25頁以下）。

[14] 厳密に言えば，民法722条の過失は，民法709条の過失と異なり，他人の権利等を侵害してはならない注意義務違反（これは真正過失と呼ばれている。）のほか，自己の身を守る注意義務違反（これは不注意又は落ち度と呼ばれている。）も含まれるといわれている（現代損害賠償法講座7・日本評論社346頁，例題解説交通損害賠償法・法曹会229頁）。そうすると，例えば，Aが所有・運転する車とBが所有・運転する車が衝突した事故に関し，A及びBが相互に修理費用の賠償を求めたケース（本訴・反訴）で，Bの過失は真正過失に該当するが，Aの過失は真正過失に該当せず不注意又は落ち

簡易裁判所の裁判官が陥りやすい点として，当該事件の事故態様を認定した後，加害者及び被害者の過失を認定することなく，当該事件の事故態様を，別冊判例タイムズ38号・民事交通訴訟における過失相殺率の認定基準全訂5版・東京地裁民事交通訴訟研究会編（通称緑の本。以下「緑の本」という。）の事故態様図に形式的に当てはめて過失割合を判断することが指摘されている[15]。しかし，緑の本の過失相殺率は，加害者及び被害者に過失が認められることが前提になっていることを忘れてはならない[16]。そして，過失相殺の基本的な考え方については，被害者及び加害者の過失の対比により定めようとする立場（相対説）と，被害者の過失の大小を重視する立場（絶対説）とがあるところ，相対説が通説的見解とされている[17][18][19][20]。したがって，裁判官は，被害者及び加害者の過失を認定し，その上で，被害者及び加害者の過失を対比して過失割合を定めるのが基本であることをまずもって理解しておくべきである。

　もっとも，被害者及び加害者の過失を対比して過失割合を定めるといっても，裁判官が自己の感覚のみに従って過失割合を定めることは，裁判に対する予測可能性を失わせ，当事者に不公平感を抱かせる。そこで，過失割合を判断するに当たっては，緑の本の基準等[21]を参照すべきであり，これらの基準を無視して過失

度に止まる場合，Aの本訴請求は一部認容になるが，Bの反訴請求は棄却されることになる。しかし，このような事案は，理論上は考えられても，実務上はほとんど考えられないといわれている（自動車同士の事故に関する限り，被害者の過失は大部分，同時に加害の原因になりうる性質のものであるといわれている（現代損害賠償法講座7・346頁）。）。

[15] 地裁裁判官に対するヒアリング結果。

[16] 例えば，緑の本221頁の【104】（信号機により交通整理の行われていない交差点における事故で，一方に一時停止の規制がある場合）は，一時停止の規制なしのⒶ車に徐行義務違反があることが前提となっているから（注①参照），仮にⒶ車に徐行義務違反が認められない場合，【104】を適用することはできない。

[17] 緑の本43頁，例題解説交通損害賠償法・法曹会223頁等。

[18] 相対説と絶対説の違いは，不可抗力部分がある場合に現れる。すなわち，ある事故において，加害者の過失が50％，被害者の過失が20％，不可抗力部分が30％の場合，相対説によれば，加害者の過失50％と被害者の過失20％を対比するので，被害者の過失割合（緑の本によれば過失相殺率）は約28.5％（20÷（50＋20）≒28.5）となるが，絶対説によれば，被害者の過失割合（緑の本によれば過失相殺率）は20％となる（例題解説交通損害賠償法・法曹会221頁）。

[19] 相対説によれば，四輪車同士の事故では，被害者及び加害者の過失が同質であり（双方とも真正過失である。），これらを同一平面で対比できるから，対比により定まった過失割合がそのまま過失相殺率になる。しかし，四輪車対歩行者の事故では，被害者及び加害者の過失が異質であり（四輪車の過失は真正過失だが，歩行者の過失は不注意又は落ち度であることが多い。），これらを同一平面で対比できないから，相対説をそのまま適用して過失割合（過失相殺率）を定めることはできないといわれている。このようなことから，緑の本では，四輪車同士の事故では過失割合と過失相殺率は同一になると解する一方，被害者が歩行者の事故では過失割合を示さず歩行者の過失相殺率のみを示している。なお，緑の本は，一方が歩行者・単車・自転車の事故については，いずれも歩行者・単車・自転車が被害者となっている場合を想定していることに注意する必要がある。

[20] 現在の実務では，絶対説に立つ者も，実際には加害者の過失の内容・程度を考慮して過失割合（過失相殺率）を認定・判断しているし，相対説に立つ者も，被害者が歩行者の事故にも相対説を適用できるとは考えておらず，純然たる絶対説も純然たる相対説も採用されていないといわれている。

[21] 緑の本以外に，民事交通事故訴訟損害賠償額算定基準・財団法人日弁連交通事故相談センター東京支部編（通称赤い本。以下「赤い本」という。）がある。

割合を定めるのは相当でない[22]。そして、緑の本の基準を参照するときは、事故態様図と過失相殺率のみを参照するのではなく、加害者・被害者にどのような過失が認められることが前提になっているのか、過失相殺率はどのような考え方に基づいて定められているのかについて、序章、該当章の序文、該当項の頭書及び該当基準表内の注の記載等をよく読み理解することが必要である。この点の理解が不十分だと、事案が異なるにもかかわらず、形式的に緑の本の基準に当てはめて、過失割合の判断を誤る事態になりかねないので、注意しなければならない。また、緑の本の基準等は典型的な事故態様を念頭に置いて作成されたものであるところ、実際に生じる事故は千差万別であるから、裁判官は、基準を参照する一方、事案の個別性を考慮し、柔軟な態度で過失割合を定めることも必要である[23]。さらに、緑の本等に記載されていない事故態様については、基本に立ち戻り、各種交通法規の定めや、一般に交通ルールとして理解されているところ（例えば、合流の際の交互進入）等を考慮し、個別の事案の事実関係に即して、適切な過失割合を定めることになる。

【過失割合が争点になっている場合のポイント】
☞ 過失割合は、加害者及び被害者に過失が認められて初めて問題になる。
☞ 過失割合は、被害者及び加害者の過失を対比して定めるのが基本である。
☞ 過失割合を判断するに当たっては、緑の本の基準等を参照する一方、事案の個別性を考慮することも必要である。

---

[22] 緑の本の基準は、1975年に公表されて以来、現在まで改訂が続けられており、交通事故損害賠償事件の公平・迅速な解決に大きく寄与しているから、これを無視するのは相当でない。
[23] 緑の本43頁。稲葉威雄「過失相殺」民事弁護と裁判実務5（ぎょうせい）484頁以下も、「基準はあくまで基準にすぎない。事件処理の簡便な出発点ではあるが、いうまでもなく常に機械的にあてはめて適用すべきものではない。具体的な事件処理に当たっては、過失相殺の具体的な基準を定める原点すなわち基準の基礎となる原理原則を意識してその基準の適用の当否を検証すべきものである。」として、法規をはじめとする交通規範違反の有無及び程度、それが事故に及ぼした影響、事故回避の蓋然性・可能性・期待可能性等を総合的に考慮すべき旨述べている。

(3) 損害に関する争点

ア はじめに

物損事故事件で問題となる損害には、修理費、買替差額、評価損、代車料、休車損、慰謝料等があるが、本書では、修理費、買替差額、評価損及び代車料について基本的な事項のみを解説する[24]。

イ 修理費

修理が可能なとき、事故車両の所有者は、原則として、必要かつ相当な修理費を請求することができる[25]。

しかし、修理が可能であっても、修理費が、事故当時の車両価格及び事故車両と同程度の車両を取得するのに要する費用（この費用は買替諸費用と呼ばれている。）[26]の合計額を上回るときは、いわゆる経済的全損として、事故車両の所有者は、修理費を請求することができず、事故当時の車両価格及び買替諸費用の合計額を請求し得るに止まる。そのため、修理費の請求の可否をめぐっては、経済的全損か否かが事故当時の車両価格の認定と関係して問題になることがある。事故当時の車両価格の認定については、「いわゆる中古車が損傷を受けた場合、当該自動車の事故当時における取引価格は、原則として、これと同一の車種・年式・型、同程度の使用状態・走行距離等の自動車を中古車市場において取得しうるに要する価額によって定めるべきであり、右価格を課税又は企業会計上の減価償却の方法である定率法又は定額法によって定めることは、加害者及び被害者がこれによることに異議がない等の特段の事情のないかぎり、許されないものというべきである。」とするのが判例である[27]。実務では、当事者から提出されたオートガイド社発行の「自動車価格月報」（いわゆるレッドブック）、財団法人日本自動車査定協会発行の「中古車価格ガイドブック」（いわゆるイエローブック、シルバーブック）、全国アジャスター協会発行の「建設車両・特殊車両標準価格表」、インターネット上での中古車価格情報等の価格を参考に、事故当時の車両価格を認定して

---

[24] あとは参考文献を参照されたい。なお、代表的な参考文献に、東京地方裁判所民事第27部（交通部）に籍を置いた裁判官が執筆した交通損害関係訴訟【補訂版】5 リーガル・プログレッシブ・シリーズ（佐久間邦夫・八木一洋編）（青林書院）（以下「LP」という。）がある。また、本書で解説しない休車損（タクシー等の営業用車両が事故によって修理又は買替えを要することになった場合における修理又は買替えに必要な期間中の営業損失）に関する参考文献として、松井千鶴子「物損－休車損の問題」赤い本1995年版126頁以下、渡邊和義「休車損害をめぐる二、三の問題について」赤い本2001年298頁以下、森剛「休車損害の要件及び算定方法」赤い本2004年版472頁以下、田島純蔵「車両損害」新・裁判実務体系5巻261頁以下があり、慰謝料に関する参考文献として、浅岡千香子「物損に関連する慰謝料」赤い本下2008年版41頁以下がある。

[25] 過去の事故による損傷部分を合わせた修理（便乗修理）に関する費用、事故による損傷の範囲を超えた修理や交換の必要のない部品の交換修理（過剰修理）に関する費用は、必要かつ相当な修理費と認められない。

[26] 買替諸費用に関する参考文献として、竹野下喜彦「買替諸費用について」赤い本1989年版89頁以下、村山浩昭「保険料差額は賠償請求できるか」赤い本1999年版218頁以下がある。

[27] 最判昭和49年4月15日民集28巻3号385頁。

いる（「第5 新モデルの具体例」のケース3参照）[28]。

ウ 買替差額

　事故車両が物理的又は経済的に修理不能になったとき（物理的全損又は経済的全損になったとき[29]）や，フレーム等車体の本質的構造部分に重大な損傷が生じたため社会通念上買替えが相当と認められるときは，事故車両の所有者は，事故当時の車両価格と事故車両を売却したことによって得られた代金[30]との差額を請求し得る[31]。この差額は買替差額と呼ばれている。

　また，買替えが認められるときは，買替諸費用の請求が認められる。

エ 評価損

　車両を修理しても，機能や外観に欠陥が残ったこと又は事故歴があることを理由に，車両価格が低下することがある。このような，事故当時の車両価格と修理後の車両価格との差額を評価損という。

　評価損は，機能や外観に欠陥が残ったことによる評価損と，機能や外観に欠陥は残らなかったが事故歴があることによる評価損とに分けられており，前者は技術上の評価損，後者は取引上の評価損と呼ばれている。実務上，技術上の評価損が認められることに争いはないが，取引上の評価損が認められるか否かは見解が対立しており，裁判例も分かれている[32]。しかし，現在の実務では，一般論としては取引上の評価損を肯定したうえで，具体的な事情に応じて，その有無・金額を判断している[33]。

　評価損の算定方法は，事故当時の車両価格と修理後の車両価格との差額を直接に認定する方法，事故当時の価格の一定割合とする方法，修理費の一定割合とする方法等があるが，実務では，事故車両の車種，走行距離，初度登録からの期間，損傷の部位・程度（損傷が車体の骨格部分に及んでいるかどうか），修理の程度，事故当時の同型車の時価等諸般の事情を総合考慮し，修理費の一定割合（3割程

---

[28] 事故当時の車両価格に関する参考文献として，江原健志「市場価格のなくなった中古車の損害評価について」赤い本1993年版126頁以下，蛭川明彦「改造車における修理費用及び車両価格の算定」赤い本下2005年版153頁以下がある。

[29] 実務では，物理的全損又は経済的全損にならなかったときを「分損」と呼んでいる。

[30] 全損になった車両や車体の本質的構造部分に重大な損傷が生じた車両であっても，それを売却したことによって代金を取得したときは，事故車両の所有者は事故当時の車両価格全額の賠償を受けられない。

[31] 最判昭和49年4月15日民集28巻3号385頁。

[32] 評価損に関する参考文献として，影浦直人「評価損をめぐる諸問題」赤い本2002年版295頁以下，中村心「評価損が認められる場合とその算定方法」赤い本1998年192頁以下がある。

[33] LP239頁参照。

度の範囲内）で評価損を認める例が多い[34][35][36]。

評価損の認定は，結局のところ，以上の諸事情に留意しつつ，事案ごとに判断していくしかない（「第5　新モデルの具体例」のケース4参照）。

オ　代車料

修理や買替えに必要な期間，車両を使用することができないため代車が必要になることがあり，これに要した費用を代車料という。

代車料が認められるためには，代車を使用したこと及びその必要性があったことが必要である[37][38]。

代車料は，現実に代車を使用した期間のうち，修理や買替えに必要かつ相当な期間に限り認められる。修理や買替えに必要かつ相当な期間は，一般的には，修理の場合は2週間程度，買替えの場合は1か月程度（買替えの判断，購入車両の選択，納車までの諸手続等の期間）といわれている[39]。しかし，買替えの要否等をめぐって被害者と加害者側（保険会社）の見解が対立するなどして修理や買替えに着手しないまま時間が経過し，代車使用期間が前記期間を超えて長期化することがあり，このような場合は，諸般の事情を総合考慮して，必要かつ相当な期間を認定するしかない[40]。

代車の車種・グレードは，必ずしも事故車両と同一の車種・グレードとする必要はなく，事故車両の用途等に照らし，事故車両に相応する車種・グレードとするのが一般的である[41]。

> ✎　**補論 ── 車両の所有者以外の者が車両損傷による損害の賠償を求めるケースの留意点**
>
> 交通事故によって車両が損傷し，修理費，買替差額，評価損等の損害が生じた場合，その損害は，本来，車両の所有者に生じると考えられるから，車両の所有者以

---

[34] LP239頁以下参照。
[35] 裁判例を見ると，事故車が高級車（外国車又は国産高級車）で，初度登録から間がなく，走行距離も短く，損傷が車体の骨格部分に及んでいる場合は評価損が肯定されやすい傾向にあり，他方，事故車が価格の低い大衆車等で，初度登録から相当の期間が経過しており，走行距離も長く，損傷が車体の骨格部分に影響がなく表面的なものに止まるときは評価損が否定される傾向にある。
[36] 財団法人日本自動車査定協会が発行する事故減価額証明書の証明力については，肯定説と否定説がある（前掲評価損に関する参考文献参照）。
[37] 代車の必要性に関する参考文献として，小林邦夫「代車の必要性」赤い本下2006年版77頁以下，交通損害賠償の基礎知識下巻（青林書院）422頁以下，新・裁判実務体系5交通損害訴訟法258頁以下がある。
[38] 未修理の事故車両を使用し代車を使用していない場合，代車料は認められないのが原則である。しかし，将来修理をすることが確実であり，その際，代車を使用し，かつ，使用する必要性があることが立証された場合は，代車料が認められる余地があるとも考えられる。
[39] LP233頁。
[40] 代車使用期間に関する参考文献として，来司直美「代車使用の認められる相当期間」赤い本2003年版344頁以下がある。
[41] LP233頁。

外の者がその損害の賠償を求めるケースでは，その者がその損害賠償請求権を有する根拠について注意する必要がある[42]。

---

[42] 前掲注6参照。この点に関する参考文献として，山崎秀尚「リース・割賦販売と損害の範囲」赤い本2000年版279頁以下，堺充廣「物損」現代裁判法大系6交通事故（新日本法規）334頁以下がある。

3 事実認定に関する事項

(1) はじめに

　過失又は過失割合が争点となっている場合，ほとんどの事件で事故態様が争点になる。ところが，物損事故では実況見分調書が作成されないなど客観的な証拠が少ないことから，事故態様の認定には困難を伴う。事故態様は，車の損傷状況等といった客観的な事実から推認できることもあるが，多くの場合，当事者等の供述によって認定せざるを得ないことから，当事者等の供述の信用性をどのように判断するかが問題になる。

(2) 動かし難い事実との整合性

ア　動かし難い事実の意義

　当事者等の供述の信用性は，動かし難い事実との整合性によって判断するのが基本である[43]。したがって，当事者等の供述によって事故態様を認定する場合，動かし難い事実との整合性によってその信用性を判断することになる[44]。

　ここで動かし難い事実とは，当事者双方の主張が一致する事実（当事者間に争いがない事実。一致する事実は主要事実だけでなく，間接事実及び補助事実も含まれる。），当事者双方の陳述及び供述が一致する事実，成立の真正が認められ信用性が高い書証によって容易に認められる事実，当事者が自認する自己に不利益な事実をいう[45]。

イ　事故現場の道路状況及び車の損傷状況との整合性

　動かし難い事実との整合性によって当事者等の供述の信用性を判断するといっても，動かし難い事実の中には当事者等の供述の信用性判断に余り意味がない事実もあるから，闇雲に動かし難い事実を把握しても意味はなく，動かし難い事実を把握する際には，その動かし難い事実が当事者等の供述の信用性判断にどの程度影響するかを考える必要がある。この観点から考えたとき，事故態様の認定において最も

---

[43] 事実認定の手法については，司法研修所民事裁判教官室が作成した「事例で考える民事事実認定」（法曹会）に分かりやすく記載されているので，そちらを参照されたい。

[44] 当事者等の供述によらずに間接事実から事故態様を推認する方法も考えられる。このような方法によって事実を認定すべきとする考え方を間接事実中心主義と呼ぶ。これに対し，主要事実に関し直接証拠となる証拠が存在する場合には，間接事実によって主要事実を推認する方法はとらず，直接証拠によって事実を認定すべきとする考え方もある。このような考え方を直接証拠中心主義と呼ぶ（吉川愼一「事実認定の構造と訴訟運営」自由と正義50巻9号62頁以下，村田渉「推認による事実認定例と問題点——民事事実認定論の整理と展開に関する一試論」判タ1213号45頁以下等参照）。実務では，事故態様について当事者等の供述がある場合，当事者等の供述によって事故態様を認定する例が多いと思われることから，本書では当事者等の供述の信用性の判断方法を解説した。もっとも，直接証拠中心主義の考え方に立っても，直接証拠が供述である場合，供述の信用性は動かし難い事実との整合性によって判断することになるから，結局，間接事実によって推認される事実と整合する当事者等の供述を信用することになる。よって，直接証拠中心主義の考え方と間接事実中心主義の考え方との間に実質的な違いはないといえる。

[45] 動かし難い事実については，前掲「事例で考える民事事実認定」58頁以下参照。

重要な事実は，事故現場の道路状況及び車の損傷状況という客観的な事実であるから，まずはこの２点に着目し，信用性の高い書証等によって事故現場の道路状況及び車の損傷状況を認定し（その結果，事故現場の道路状況及び車の損傷状況は動かし難い事実となる。），その事実と当事者等の供述の整合性を検討することになる（「第４　新モデルの解説」の平成25年モデルのケース，「第５　新モデルの具体例」のケース１，ケース４，ケース６及びケース10参照）。

ウ　事故現場の道路状況及び車の損傷状況以外の動かし難い事実との整合性

しかし，事故現場の道路状況及び車の損傷状況との整合性だけでは当事者等の供述の信用性が判断できない場合もある（「第５　新モデルの具体例」のケース５，ケース７及びケース９参照）。このような場合は，事故現場の道路状況及び車の損傷状況以外の動かし難い事実との整合性を検討する必要があるが，動かし難い事実の中には当事者等の供述の信用性判断に余り意味がない事実もあることは前記のとおりであるから，どのような事実に着目して当事者等の供述の信用性を判断するか考える必要がある。着目すべき事実は事案によって異なるため，一概にはいえないが，例えば，信用性が高いと認められる書証に記載されている事実や当事者等が自認する自己に不利益な事実は，当事者等の供述の信用性判断に及ぼす影響が大きいことがある（「第５　新モデルの具体例」のケース５では，他の動かし難い事実と整合しており信用性が高いと認められる物件事故報告書に記載されている事実が，当事者等の供述の信用性判断に影響を与えている。また，同ケースでは，尋問時の当事者の供述が同当事者にとって不利益な事実であったところ，その供述内容は他の動かし難い事実と整合しており内容に不自然不合理な点もなかったことから動かし難い事実となり，その事実が当事者等の供述の信用性判断に影響を与えている。）。

(3)　動かし難い事実との整合性によって当事者等の供述の信用性が判断できない場合

動かし難い事実との整合性によって当事者等の供述の信用性が判断できない場合，当事者等の供述の信用性は，供述内容の合理性，一貫性，具体性等によって判断せざるを得ない（「第５　新モデルの具体例」のケース９参照）。しかし，そのような事件はそれほど多くなく，ほとんどの事件は動かし難い事実との整合性によって当事者等の供述の信用性が判断できると思われる。よって，安易に供述内容の合理性，一貫性，具体性等によって当事者等の供述の信用性を判断しないように注意する必要がある[46]。

---

[46] 供述内容の合理性等によってもどちらの供述が信用できるか判断できない場合は，立証責任によって決着を付けるしかない。しかし，それは最後の手段であるから，安易にそれによるべきではない。なお，立証責任によって決着を付ける場合，立証責任の所在を間違えないように注意する必要がある。

【事実認定のポイント】
☞ 当事者等の供述の信用性は，動かし難い事実との整合性によって判断するのが基本である。
☞ 事故現場の道路状況及び車の損傷状況は，動かし難い事実の中で最も重要な事実であるから，事故態様を認定するに当たって第一に着目すべきは，事故現場の道路状況及び車の損傷状況である。
☞ 当事者双方の主張が一致する事実，当事者双方の陳述及び供述が一致する事実，成立の真正が認められ信用性が高い書証によって容易に認められる事実，当事者が自認する自己に不利益な事実も，動かし難い事実になるから，事故現場の道路状況及び車の損傷状況との整合性だけでは当事者等の供述の信用性が判断できない場合は，これらの事実との整合性も検討する必要がある。ただし，こうした事実の中には，信用性判断に余り意味がない事実もあることに留意する。

✎ 補論 —— 車の損傷状況から推認できる事実

　車の損傷状況が分かると，車の衝突（接触）箇所が推認できる。これが分かると，多くの事件で事故態様が推認でき，その結果，当事者等の供述の信用性が判断できる。このような意味で，車の損傷状況を押さえることが必要である。
　また，車の損傷状況から，衝突（接触）前の車の動静を推認できることがある。例えば，被告車両の左前部角と原告車両の右側面に傷が認められる場合，原告車両の傷が後ろから前に向かって徐々に深くなっているとき又は細い線から徐々に幅広い線になっているときは，被告車両が原告車両よりも高速で原告車両の右後ろから原告車両に接触したと推認できることがある（「第5　新モデルの具体例」のケース4参照）。その他にも，被告車両の前部が原告車両の右側部に衝突（接触）した事故で，原告車両が停止していたかどうかが争われているケースにおいて，原告車両の傷が被告車両の前部が衝突（接触）したことによる凹損のみで擦過傷がないときは，原告車両は停止していたと推認できることがある。
　このように，車の損傷状況から衝突（接触）前の車の動静を推認できることがあるが，車の損傷状況を撮影した写真が不鮮明な場合もあるし，鮮明であっても，一つの傷のみからでは直ちに衝突（接触）前の車の動静を推認できない場合もある（「第5　新モデルの具体例」のケース5では，被告らから，「被告車の損傷状況からすると被告車の傷は後ろから前についたと考えられ，原告車は被告車を追い抜こうとしていたと推認される」旨が記載されたアジャスターの報告書が提出されたが，同報告書の記載は根拠が分かりにくく，その信用性は慎重に検討する必要があったものであり，アジャスターの報告書であってもその信用性を慎重に検討しなければならない場合がある。）。車の損傷状況が重要であるといっても，車の損傷状況から事

故態様を推認することには限界があること，専門的知識のない裁判官が過度に車の損傷状況に頼って事故態様を推認するのは危険であることも，理解しておく必要がある[47]。

---

[47] 車の損傷は，大きく，直接損傷（直接外力を受けて生じた損傷）と間接損傷（直接損傷に伴って間接的に発生した損傷）に分けられる。そして，間接損傷は，さらに，波及損傷（直接外力を受けた部材だけでは衝撃を吸収できず，その部材の深部にある部材へと入力方向に準拠して衝撃力が伝播した損傷），誘発損傷（直接損傷を受けた部材と隣り合わせた部材が「引き」または「押し」の力を受けてその隣接部位に生じた損傷），慣性損傷（乗員，積荷，パワーユニット等の重量物が衝突によって慣性運動を起こし，室内やボデーに2次的に与えた損傷）に分けられる。物損事故事件では時々間接損傷が問題になる。

第3　審理の進め方

1　はじめに

　物損事故事件では，訴え提起前に保険会社を介して原告及び被告間で交渉が行われることが多いため，訴え提起の時点で当事者が審理に必要な書証を持っていることが多い。また，物損事故事件の争点は，類型化が比較的容易であるため，早期に争点を把握できる。さらに，物損事故事件は，損害額が低額で保険加入率も高いため，和解による解決に適している。以上の点から，物損事故事件は，簡易迅速な審理が実現しやすい訴訟類型といえる。以下，訴訟の流れに沿って，簡易迅速な審理を実現するための審理の在り方を示す。

2　第1回口頭弁論期日前の準備

(1)　原告に対するもの

ア　重要な書証の提出の促し

　前記のとおり，物損事故事件では，訴え提起の時点で当事者が審理に必要な書証を持っていることが多いため，民事訴訟規則（以下「民訴規則」という。）55条2項及び56条を活用し，裁判所書記官を通じて，原告に対し，重要な書証の提出を促すことが考えられる。本書では，この重要な書証を基本書証と呼ぶことにする。基本書証として考えられるのは，後記基本書証の解説に記載した書証である。また，後記基本書証は，物損事故事件において早期に提出してもらうのが望ましい書証であるから，基本的には全ての物損事故事件において提出を求めるのが原則となろう[48]。提出を促す方法としては，基本書証一覧表を利用することが，当事者にとって分かりやすく，裁判所にとっても効率的である[49]。

---

[48] もっとも，争点の内容によっては提出が必要でない場合もありうる（例えば，事故態様及び被告の過失に争いはなく，争点は原告の休車損のみという場合には，後記基本書証の提出が必ずしも必要とはいえない。）。したがって，後記基本書証の提出を促す場合は，そのような例外があることも念頭に置く必要があり，当事者・代理人の言い分も聴取しながら，訴訟の迅速かつ円滑な進行への協力を求めるという，柔軟な態度で行うのが相当である。ただし，前記のとおり，訴え提起前に保険会社を介して原告及び被告間で交渉が行われていることが多いため，原告・原告代理人が被告の応訴態度についておよそ見当をつけられない場合は考えにくい。原告・原告代理人から，被告の応訴態度を見なければ基本書証を提出できないという消極的な対応がされた場合には，参考事項聴取書などから事前交渉の有無，程度を確認し，欠席判決となる見込みが明らかな場合を除き，基本書証の早期提出の必要性を説明し，提出に向けて粘り強く対応していくべきであろう。

[49] 参考に，ある庁が作成した書式を資料2及び3，研究員・協力研究員が作成した書式を資料4として添付した。なお，庁として基本書証一覧表を作成し，これによる提出を促す運用をする際には，地方裁判所との間でも意見交換をし，弁護士会に対して説明もした方が，実効性のあるものとなろう。

> 【基本書証の解説】
> ➤ 交通事故証明書
>   交通事故証明書により，交通事故発生の日時，場所，関係車両，運転者等が分かるから，早期に提出してもらうのが望ましい書証といえる。実際ほとんどの事件で訴状と一緒に提出されている。なお，一般に甲乙の順に過失が大きいといわれているが，必ずしもそうとはいえないから，交通事故証明書によって過失の大小を判断するのは避けるべきである[50]。
> ➤ 自動車検査証
>   自動車検査証により，車両の所有関係，幅，高さ，長さ，初度登録の時期等が分かるから，早期に提出してもらうのが望ましい書証といえる。
> ➤ 事故現場の図面及び写真
>   事故現場の図面及び写真により，事故現場の道路状況が分かるから，早期に提出してもらうのが望ましい書証といえる。事故現場の図面は判決書に添付できる図面が望ましく[51]，事故現場の写真はカラーが望ましい。ただし，訴え提起時に原告が必ずこの書証を持っているとは限らないことに留意する必要がある。
> ➤ 事故車両（原告車両及び被告車両）の損傷状況の写真
>   事故車両の損傷状況の写真により，車の損傷状況が分かるから，早期に提出してもらうのが望ましい書証といえる。事故車両の損傷状況の写真は，原告車両はもちろんであるが，原告が被告車両の損傷状況の写真を持っている場合はそれも提出してもらうのが望ましい。事故車両の損傷状況の写真はカラーが望ましい。
> ➤ 事故車両（原告車両）の修理見積書
>   事故車両（原告車両）の修理見積書により，事故車両の損傷状況，修理内容，修理費等が分かるから，早期に提出してもらうのが望ましい書証といえる。

イ 参考事項聴取

前記のとおり，物損事故事件では，訴え提起前に保険会社を介して原告及び被告間で交渉が行われていることが多いため，民訴規則61条を活用し，裁判所書記官を通じて，原告に対し，訴訟の進行に関する意見その他訴訟の進行について参考とすべき事項を聴取することが考えられる。聴取事項として考えられるのは，訴え提起前の被告側との交渉の有無，交渉時における問題点，交渉決裂の理由，

---

[50] 交通事故証明書は，交通事故を警察に届け出た場合に，自動車安全センターに申請することによって交付を受けられる。
[51] 判決書に添付する図面は，道路の幅員，車線数，形状等が正確に記載されているものが望ましい。もっとも，全ての事件でそのような図面が必要というわけではないから，訴え提起の段階では事故現場の道路状況が分かればそれでよく，判決書に添付する図面の確定は，審理が始まってから当事者と協議して決めればよいとも考えられる。

予想される争点，訴訟における和解可能性の有無である。参考事項を聴取する方法は，回答書を利用して聴取する方法が効率的であろう[52]。

(2) 被告に対するもの

答弁書が提出された段階で，民訴規則61条を活用し，裁判所書記官を通じて，被告に対しても，訴訟の進行に関する意見その他訴訟の進行について参考とすべき事項を聴取することが考えられる。特に物損事故事件では，被告側が反訴・別訴を提起することが多いため，その予定の有無を確認し，予定がある場合は，速やかにその準備をするよう伝えることが考えられる。なお，実務では，反訴・別訴提起の予定があっても，被告側が，反訴・別訴提起前に反訴・別訴予定事件も含めて和解で解決したいと希望する場合があり，このような場合は，反訴・別訴の提起が遅れることがある。しかし，そのような場合であっても，被告側に対し，速やかに被告側の損害を主張・立証するよう伝えることが必要である。

(3) 裁判所書記官の役割

裁判所書記官は，裁判官との間で事件の進行に関する方針や見通しを共有し，裁判官と当事者や代理人との接点となって，裁判官と共に適正・迅速な裁判を実現する役割が求められている。

したがって，裁判所書記官としては，当事者に対する重要な書証の提出の促しや参考事項聴取をするにあたり，その時期，方法等をあらかじめ裁判官と協議した上で，迅速かつ積極的に行い，その結果，当事者から得た情報を裁判官と共有した上で，裁判官と協働して手続を進めなければならないといえる。一方，裁判官においても，方針や個別の対応について裁判所書記官に的確に伝えなければならない。

3 当事者がそろう最初の口頭弁論期日の審理

(1) はじめに

当事者がそろう最初の口頭弁論期日（以下「実質的第1回口頭弁論期日」という。）の審理を充実させることは，簡易迅速な審理を実現する上で必要不可欠である。具体的には以下の点がポイントとなる。

(2) 争点の確認

物損事故事件で争点になりうるのは，被告の過失，原告の過失，過失割合及び原告の損害であるが，まず，どれが争点になっているかを確認する。

---

[52] 参考に，ある庁が作成した書式を資料5，研究員・協力研究員が作成した書式を資料6として添付した。なお，回答書の記録上の取扱い（記録のどこに綴るか，閲覧謄写の対応をどうするか）について，書記官と認識を共有しておくことが必要である。

このとき，原告の損害について，答弁書では争うとなっていても，原告が裏付け証拠を提出しており，被告も実質的にこれを争わない場合がある[53]。その場合，その損害は争点にならないから，実質的第1回口頭弁論期日でその点を確認するのが相当である（なお，認否が争うとなっている以上，裁判上の自白は成立しない。したがって，原告の損害は証拠によって認定することになる。しかし，その場合は，原告の損害を「争点」に記載する必要はなく，「前提事実」又は「争いのない事実等」（「等」は証拠によって容易に認定できる事実等を意味する。）の箇所に証拠を挙げて記載すればよい。）。他方，実質的に争いがある原告の損害については，どこに争いがあるかを確認し，今後の主張・立証予定を確認するのが相当である。

　被告の過失，原告の過失及び過失割合については，多くの事件で，その全て又は一部に争いがある。そして，これらが争われている場合には，事故態様に争いがあることが多いであろう。そこで，実質的第1回口頭弁論期日では，事故態様に争いがあるかどうか，被告の過失，原告の過失及び過失割合のどこに争いがあるかを確認するのが相当である（後記のとおり，当事者の主張を見ると，被告の過失，原告の過失及び過失割合の全てが争点になっているが，その後，審理に必要な書証が提出され，事故態様について一定の心証（暫定的心証）が形成できるようになると，その全てが争点になるわけではないことが分かる事件がある。しかし，書証が揃っていない段階ではそのことが分からないから，当事者に争点を確認するしかない。）。

　他方，実質的第1回口頭弁論期日の段階で既に争点が明らかになっており，審理に必要な書証もほぼ提出されている場合は，争点について暫定的心証が形成できることがある。このような場合は，実質的第1回口頭弁論期日の段階から和解を試みることが考えられる。実際，研究員が属する簡易裁判所では，実質的第1回口頭弁論期日から和解を試みた例があり，和解が成立している。

(3) 必要書証の提出の促し

　争点を確認したら，争点の審理に必要な書証の提出を促す。本書では，この争点の審理に必要な書証を必要書証と呼ぶことにする。必要書証として考えられる書証は，後記必要書証の解説に記載した書証である。ただし，本書では，責任に関する争点に関係する書証のみを記載した。

---

[53] 代表的な例は，修理費やレッカー代である。

【必要書証の解説】
> 実況見分調書

　人身事故の場合，実況見分調書が作成される。実況見分調書には，事故現場の状況や当事者から聴取した内容が記載されているほか，事故現場見取図及び現場写真も添付されているので，事故態様等を認定する際の重要な証拠となる。なお，事故直後に行われた実況見分には被害者が立ち会っていないことが多いことに留意する必要がある（立会人欄を見れば立会人が誰か分かる。）。

> 物件事故報告書

　物損事故のみの場合，実況見分調書は作成されないが，物件事故報告書が作成されることがある。物件事故報告書は，実況見分調書ほど証明力は高くないが，物件事故報告書により，事故状況の概略，特に事故後，当事者が警察官に対し事故についてどのように述べたかが分かることがあり，事故態様等が争点となっている事件では審理に有用な書証といえる（「第5　新モデルの具体例」のケース5は，物件事故報告書が事実認定に役立っている。）。

> 損保会社又は調査会社が作成した調査報告書

　加害者又は被害者が任意保険に加入しているとき，損保会社又は調査会社によって調査報告書が作成されていることがある。調査報告書には，当事者の陳述内容が記載されているほか，事故状況が図面にまとめられていることがあり，事故態様等を認定する際の参考になる。ただし，一方当事者が作成したものであるので，信用性は慎重に検討する必要がある。

> 運転者等の陳述書

　事故態様等に争いがある場合，最終的に人証調べを実施するか否かにかかわらず，運転者等の陳述書を早期に提出してもらうことが争点整理及び事実認定に有用である（「第5　新モデルの具体例」の各ケースにおいても，陳述書が争点整理及び事実認定に役立っている。）[54]。

> ドライブレコーダー

　トラック，バス，タクシー等の営業車に設置されていることが多く，事故態様等を認定する際の重要な証拠となる（「第5　新モデルの具体例」のケース8は，ド

---

[54] 事故態様に関する運転者の陳述書は，事故現場の図面を利用するなどして，裁判官が事故態様を具体的にイメージできるように作成してもらう必要がある。提出された陳述書が抽象的で分かりにくい場合は，再度，補充の陳述書を提出してもらうことも考えられよう。また，陳述書作成前に判決書に添付する図面が確定している場合は，その図面を利用して陳述書を作成してもらうのが効率的と思われる。陳述書を提出してもらう時期については，事故態様が争点になることが予想される事件ではできるだけ速やかに提出してもらうのが望ましいため，基本書証と同時に提出してもらうことも考えられるが（訴え提起の段階で基本書証と一緒に陳述書を提出する代理人弁護士がいることを考えると，そのような運用も不可能とはいえない。），実際には，実質的第1回口頭弁論期日で事故態様が争点になることを確認した後，速やかに提出してもらうことになろう。

> ライブレコーダーが事実認定に役立っている[55]。）。
> - **タコグラフ**
>   トラック，バス，タクシー等の営業車に設置されていることが多く，事故時の速度の認定に役立つ。
> - **信号サイクル表**
>   信号機により交通整理の行われた交差点における衝突事故で重要な証拠となり得る（「第5　新モデルの具体例」のケース6は，信号サイクル表が事実認定に役立っている。）[56]。

(4) その後の審理の進め方の確認

実質的第1回口頭弁論期日の段階で必要書証がそろっておらず，争点について暫定的心証が形成できない事件は，当事者との間で，次回以降の審理の進め方を確認するのが相当である。その際，次の点を確認することが考えられる。

① 必要書証の提出時期
② 反訴・別訴提起の予定の有無及び提起予定のときは提起時期
③ 人証調べ申出の予定の有無等今後の立証予定
④ 和解可能性の有無及び和解勧告の時期（特に人証調べ前の和解が可能か否か）[57]

なお，事件を弁論準備手続に付すかどうかは，事案によって決めればよいと考えられるが，その後の審理は，後述するように，動かし難い事実から事故態様について一定の心証（暫定的心証）を形成し，その心証を当事者に伝えるなどして，争点及び争点に対する判断をする上でポイントになる事実について当事者と共通認識を形成しながら進めていくことになるから，1期日の審理時間をある程度確保する必要がある。そして，裁判所書記官は，裁判官の審理方針や当事者の主張・立証予定を踏まえ，次回期日に向けた準備（司法委員の指定，送付嘱託の手続，書面提出の催告等）を行うことになる。

4 その後の審理
(1) はじめに

次回以降の審理で意識すべきことは，最終的に判決書で何を認定する必要がある

---

[55] ドライブレコーダーに関する参考文献として，松川まゆみ「映像記録型ドライブレコーダに記録された情報と交通損害賠償訴訟における立証」赤い本2015年版下巻55頁以下がある。

[56] ただし，前提となる事故車両の速度や信号からの距離の認定が曖昧であると（幅が大きすぎると），決定的な証拠として用いることができない場合がある。また，信号の確認状況を当事者双方から具体的に述べてもらう前に信号サイクル表の提出を求めてしまうと，客観的事実との矛盾点を突けなくなるおそれがあるから，どの段階で信号サイクル表の提出を求めるかも考える必要がある。

[57] 弁護士に対するヒアリング結果によれば，和解勧告の時期について代理人の意見を聴いてほしいという意見があった。どのタイミングで和解勧告をするかは裁判官が決めることであるが（民訴法89条），代理人の意見を聴くことはその際の参考になると思われる。

かという出口を見据えて、そのために必要な主張と証拠を整理し、もって心証形成をすることである。また、争点整理は、争点に対する判断をする上でポイントになる事実を把握するために行うものであるが、何がポイントになる事実かについて、当事者とりわけ弁護士が代理人になっている事件では代理人と共通認識を持つように努めることが望ましい。そうすれば判決書は自ずと簡にして要を得るはずであるし、和解も成立しやすくなると考えられる。

(2) 責任に関する争点の整理

責任に関する争点を整理する上で最も重要なことは、的確に争点を整理するためには裁判官が自ら事故態様について一定の心証（暫定的心証）を形成する必要があると認識することである。争点整理は単なる当事者の主張の整理ではないことに留意しなければならない。実質的第1回口頭弁論期日以降は必要書証が提出されるから、事故現場の道路状況及び車の損傷状況から事故態様について一定の心証を形成し、それだけでは一定の心証が形成できない場合は、それ以外の動かし難い事実も併せて検討して事故態様について一定の心証を形成することができる。このようにして形成した事故態様から当事者の主張及び争点を考察すると、当事者の主張の対立点の中に事案の解明に必要ない事項が含まれていることが分かったり、被告の過失が争点になっていても被告に過失があることは明らかであることが分かったりする。そのようなときは、当事者に自己の一定の心証を伝えることが望ましく、そうすることによって、争点及び争点に対する判断をする上でポイントになる事実について当事者と共通認識を形成することができる[58]。

(3) 人証調べの要否の見極め

争点整理は、その後の証拠調べ（人証調べ）により証明すべき事実を把握するために行うものでもあるから、争点整理を通じて人証調べの要否を見極めることも必要である。人証調べの要否を見極めるポイントは次のように整理できる。

☞ **人証調べの要否を見極めるポイント**
① **事実に争いがあるかどうかを見極める。**
→ 事実に争いがない場合、人証調べは不要である。例えば、事故態様並びに被告の過失及び原告の過失に争いはなく、争点は過失割合のみの場合（「第5　新モデルの具体例」のケース8参照）、過失割合の法律判断だけが問題となるから、人証調べは不要である。

---

[58] 被告が被告の過失を争っていても、事故態様からすると被告に過失があることは明らかという事件は少なくない。このような事件では、原告の過失及び過失割合が争点となるから、争点整理を通じてそのように争点を整理するのが望ましい。

> ② 事実に争いがある場合，その事実が過失又は過失割合の判断に影響するかどうかを見極める。
> → 争いがある事実が過失又は過失割合の判断に影響しない場合，人証調べは不要である。例えば，当事者が主張する事実に多少くい違いがあっても，そのくい違いが過失又は過失割合の判断に影響しない場合，そのくい違いを解明する意味はないから，人証調べは不要である（例えば，「第5 新モデルの具体例」のケース6において，信号の色に争いはなく，争点は被告がサンダルを履いて被告車を運転していたかどうかのみにある場合，その事実は過失割合の判断に影響しないから，人証調べは不要である。）。
> ③ 過失又は過失割合の判断に影響を及ぼす事実に争いがある場合，人証調べを実施しなければその事実の有無が判明しないかどうかを見極める。
> → 人証調べを実施しなければその事実の有無が判明しない場合，人証調べが必要である（「第5 新モデルの具体例」のケース2，ケース3，ケース5及びケース9参照）。
> 他方，人証調べを実施しなくてもその事実の有無が判明する場合，人証調べは不要である（「第5 新モデルの具体例」のケース10参照）。
> 問題は，動かし難い事実からその事実の有無について一定の心証（暫定的心証）が形成できたが，人証調べが不要とは言い切れない場合である。具体的には，その心証が正しいことを確認するため，あるいは当事者の納得を得るため，人証調べを実施することが考えられる場合である。当事者から人証調べ申請がなければともかく，人証調べ申請があった場合は，明らかに必要性なしと判断できない限り，人証調べを実施するのが相当であろう。

5 人証調べ[59]

　人証調べは，争点整理を通じて人証調べによって証明すべき事実が明らかになっているはずであるから，短時間でポイントを絞って行うべきである。このとき，裁判官及び司法委員（民訴規則172条）の補充尋問は，争点に対する判断をするために必要な限度で行うべきであり，判決書に記載する予定がない事実を長々と尋問するのは慎むのが相当である。また，裁判官は，尋問前にも争点等について司法委員と評議を行って共通認識を形成する必要がある（評議について，後記6(4)参照。）。

---

[59] なお，簡易裁判所における人証調べでは，調書を省略し，録音体に記録する運用がされている（民訴規則170条）。

> ✍ 補論 ── 当事者が主張した事実と異なる事実を認定することの可否
>
> 　「当事者の主張した具体的事実と裁判所が認定した事実との間に，態様や日時の点で多少くい違いがあっても，社会観念上同一性が認められる限り，当事者の主張しない事実を認定したことにはならない。」とするのが判例である[60]。この判例は，医師の診療行為上の過失に関する事例に関するものであるが，その趣旨は，交通損害賠償訴訟事件にも当てはまると考えられる。そして，ほとんどの交通損害賠償訴訟事件においては，当事者が主張した具体的事実と裁判所が認定した事実との間に社会通念上同一性が認められるといってよいと思われる（例えば，片側3車線の道路における同一方向進行車両同士の接触事故で，原告は第1車線で原告車と被告車が接触したと主張し，被告は第3車線で原告車と被告車が接触したと主張している事案において，裁判所が第2車線で原告車と被告車が接触したと認定しても，当事者の主張した具体的事実と裁判所が認定した事実との間には社会観念上の同一性が認められると思われる。）。したがって，当事者が主張した事実と異なる事実を認定したことが弁論主義違反になることは想定しにくいように思われる。
>
> 　もっとも，当事者が主張していた過失と全く異なる過失を認定することは，弁論主義違反になりうる（例えば，原告が被告の過失として信号遵守義務違反を主張していた事案において，裁判所が，原告及び被告が被告の速度超過について何も主張していないにもかかわらず，被告の速度遵守義務違反を認定することは，弁論主義違反になると考えられる。）。また，過失相殺については，判例によれば直ちに弁論主義違反の問題は生じないと思われるが[61]，当事者が主張していた過失と全く異なる過失を認定して過失相殺をすることは，手続保障の見地から好ましいことではない。当事者が主張していた過失と異なる過失を認定することが当事者にとって不意打ちになる場合は，適切に釈明権を行使するのが相当であろう。

6　司法委員の活用

(1)　司法委員制度（民訴法279条）の意義

　　司法委員制度は，国民の中から選ばれた司法委員が簡易裁判所の民事訴訟手続に関与することによって，審理に国民の健全な良識を反映し，より社会常識にかなう裁判を実現するために設けられた制度であり，国民の司法参加の一形態と位置づけられている。

---

[60] 最判昭和32年5月10日民集11巻5号715頁。
[61] 最判昭和41年6月21日民集20巻5号1078頁（注7）によれば，裁判所は訴訟にあらわれた資料に基づき被害者に過失があると認めるべき場合には，職権をもってこれをしんしゃくすることができ，賠償義務者から過失相殺の主張があることを要しないとされている。

簡易裁判所が扱う事件は，請求額が比較的低額で，国民に身近な事件が多いため，司法委員の良識を反映した常識的な解決に親しみやすく，裁判官が審理において司法委員の意見を聴き，その豊かな社会経験や知識を活用することによって，適正妥当な解決を図ることが期待されている。また，簡易裁判所の民事訴訟においては審理の過程で和解を試みることが多いが，その際に司法委員が裁判官の補助者として和解の手続に関与し，その豊かな社会経験や健全な良識に基づいて妥当な解決へと当事者を導いていくという重要な役割も果たしている。

(2) **交通損害賠償訴訟事件における司法委員の関与**
　交通損害賠償訴訟事件においては司法委員が広く活用されている（【図7】）。

【図7】簡裁民事訴訟事件（通常）の司法委員関与率の推移

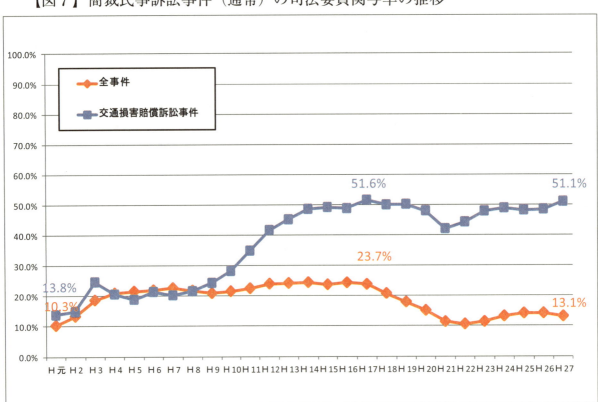

　その理由は，①物損事故事件では，当事者等の供述の信用性判断を行わなければならない事件が多く，事実認定に悩むこと，②過失割合の判断も，基準があるといっても実際に生じる事故は千差万別であり，悩むことが多いこと，③車の損傷状況から事故態様を認定する場合や適正な修理費用を認定する場合等には，専門的知識が必要になること，にあると思われる。そのため，物損事故事件では，保険会社の元従業員，アジャスター，弁護士，元警察官等といった交通事故に関する一定の専門的知識を有する司法委員（以下「専門家司法委員」という。）が指定されることが多い。

しかし，裁判官が争点整理及び事実認定を適切に行い，事件のポイント等を司法委員に説明すれば，専門的知識がない司法委員（以下「一般司法委員」という。）であっても，その豊かな社会経験や知識を活用して適正妥当な解決を図ることができると考えられる。これは，専門的知識が必要とされる上記③の事件であっても同様であろう（上記③の事件も，当事者が専門的知識を適切に主張・立証すれば，一般司法委員もその職責を果たすことができると思われる。）。よって，交通損害賠償訴訟だから専門家司法委員でなければならないといった考えにとらわれることなく，事案ごとに適任者を関与させるのが望ましい。

(3) 司法委員の指定方法及び指定時期

司法委員の指定方法には，実務の運用上，開廷日立会方式と事件指定方式があるが[62]，交通損害賠償訴訟事件においては，争点の内容に応じて適任者を関与させるのが望ましいから，事件指定方式によることになろう。また，指定時期は，当該事案の争点の内容に応じて適任者を選任することになるから，当該事案の大まかな争点を把握した後になろう（通常は実質的第1回口頭弁論期日後になると思われる。また，司法委員に主に和解の補助をしてもらう場合は，基本的に裁判官が争点について暫定的心証を形成した後になると思われる。）。

(4) 司法委員との評議

司法委員に，事故態様の認定，過失割合の判断及び損害額等について意見を述べてもらったり，和解の補助をしてもらったりするためには，司法委員との評議を充実させることが必要不可欠である。司法委員に和解の補助をしてもらう方法には，司法委員を通じて和解案を提示する方法と，司法委員を同席させて裁判官が和解案を提示する方法があるが，いずれにしても裁判官と司法委員との間で，事故態様，証拠評価，損害額，和解の方向性等について十分に事前評議を行い，共通認識を形成しておくことが肝要である。また，司法委員を通じて和解交渉を行っている途中で，当事者から新たな主張や証拠が提出されたときは，改めて裁判官と中間評議を行うべきであって，司法委員が個人的見解を表明しないように留意しなければならない。これは指定する司法委員が専門家司法委員であっても同様である[63]。

また，司法委員の意見は，裁判官の判断作用を補佐するのが目的であり，実質的に裁判官の合議に類するものであるから，法廷で公表されるものではないこと，司法委員の意見を証拠資料とすることはできないことにも留意する必要がある[64]。

---

[62] 開廷日立会方式とは，裁判所が，あらかじめ開廷日ごとに司法委員候補者を割り当て，法廷に立ち会ってもらった上で，必要と認められる事件について司法委員の指定をする方式である。事件指定方式とは，裁判所が，あらかじめ，特定の事件について，個別に司法委員を指定する方式である。

[63] 弁護士に対するヒアリング結果によれば，当事者が同席しているときは，裁判官が直接当事者に和解案を説明してほしいとの意見があった。

[64] もっとも，「司法委員の説明や意見を証拠資料とすることはできないが，それらを口頭弁論調書等

(5) **裁判所書記官の役割**

裁判所書記官としては，司法委員の職業（元職業），経験，他事件の指定状況といった司法委員の指定に有益な情報をあらかじめ把握し，その情報を裁判官と共有しておくことが考えられる。そうすれば，事案に適した司法委員を速やかに指定することができる。

7 和解

(1) **はじめに**

和解には訴訟を早期に終結させて審理期間を短縮するという効用だけでなく，互譲によって事案に応じた柔軟な解決を図ることができるという効用がある。また，物損事故事件は損害額が低額で保険加入率も高いため，和解による解決に適した訴訟類型といえる。したがって，物損事故事件では積極的に和解を試みることが簡易迅速な審理を実現する上で必要かつ有効である。そして，和解率は司法委員の関与率と共に上昇していることにも照らすと（【図8】），和解率の向上のためには司法委員を積極的に活用することが有用といえる。

【図8】簡裁交通損害賠償訴訟事件（通常・少額（通常移行を含む）かつ弁護士関与）の司法委員関与率及び和解率

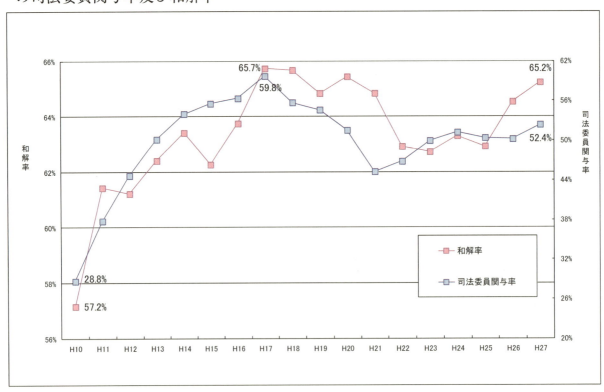

に記載するか説明書面等を調書に添付し，当事者の一方がその調書を書証として提出したときには，書証としての証拠能力を有すると解される。」という見解（最新裁判実務体系1簡裁関係訴訟・篠田隆夫「司法委員の役割とその効用」青林書院80頁）もある。

(2) **和解勧告の時期**[65]

 ア　争点が明らかになり，基本書証及び必要書証が提出された段階で，暫定的心証に基づいて，和解を試みるのが基本である。前記のとおり，実質的第1回口頭弁論期日で暫定的心証が形成できる事案では，その期日から和解を試みる例もある。なお，暫定的心証に基づく和解を試みる場合は，必ず，その旨を当事者に断っておく必要がある。

 イ　もっとも，例えば，争点が過失割合のみで，緑の本に記載されている基本割合どおりの和解案であれば早期に和解が成立する可能性があると考えられる事案では，陳述書等の必要書証が提出されない段階でも和解を試みる価値がある。この場合，当事者が修正要素を問題にしなければ和解が成立するし，修正要素について議論を深めるよう求められれば争点は修正要素に絞られるという利点がある。また，訴訟がいかなる程度にあるかを問わず和解を試みることができるから（民訴法89条），先ほどの事案で，その後，修正要素にポイントを絞った当事者から陳述書が提出され，修正要素の有無を検討したが，基本割合を修正するほどの修正要素は認められないという暫定的心証を形成した場合は，再度，当初の案と同じ和解案を提示することによって和解が成立することもある。

 ウ　当事者が人証調べを強く希望している場合であっても，人証調べ前に暫定的心証に基づくものであることを断った上で，和解案を提示することも考えられる。このような場合であっても，その和解案に合理性があれば和解が成立する。

 エ　和解が成立せずに人証調べを実施した場合であっても，人証調べが終了した段階で，司法委員の意見を参考にしながら，最終的な心証に基づいて，和解勧告を行うのが相当である。特に人証調べ前の裁判所和解案と異なる心証を形成するに至った場合は必ず和解勧告をし，人証調べ後の心証及び心証が変わった理由を当事者に説明することが必要である。この段階での和解は，その際に提示する和解案が判決とほぼ変わらない内容になることに加え，出頭している当事者本人等を交えた和解協議が可能となるため，争点整理段階で和解に難色を示された事案でも，和解が成立することが多いように思われる。

(3) **和解案の提示方法**

 ア　簡易裁判所における交通損害賠償訴訟事件では，その争点や損害項目が多岐にわたることが少なく，簡易迅速な審理の観点からは，和解案の提示を口頭で行うことで足りる場合がある。しかし，代理人が当事者本人や実際に支払を担当する任意保険会社を説得する際には，書面による方が有効であることがあり，相応の効果が期待できる[66]。

---

[65] 和解勧告の時期について代理人の意見を聴いてほしいという意見があったことについて，前掲注57参照。

[66] 弁護士に対するヒアリング結果によれば，書面による提示を望む意見があった。

イ　書面によって和解案を提示する場合は，判決の骨格になる部分（過失割合や損害額）を簡潔に記載すれば足りるが，事案によっては，ある程度理由を記載した方がよい場合もある。ただし，その和解案があくまで暫定的心証に基づく場合には，後日の誤解を招かないよう，必ずその旨を付記しておく必要がある。

ウ　書面による和解案の例

　【例1】，【例2】のとおり

【例1】

　　　平成○○年(ハ)第○○○○号　損害賠償請求事件
　　　原告　○○○○　　　被告　○○○○

和解案の骨子

【過失割合】
　　原告（右折車）30％　：　被告（直進車）70％
※　別冊判例タイムズ38号【121】の基本割合を参考にした[67]。双方車両の損傷状況との整合性からみて，被告車が規制に従って一時停止したとは認め難く，他に修正要素はない。

【損害項目】
　　修理費用　◎◎万円（甲○）

【過失相殺後の損害額】
　　◎◎万円×0.7＝○○万円

【結論】
　　被告は，原告に対し，○○万円を支払う。

（注意）上記和解案は，暫定的心証に基づくものである。

---

[67] 緑の本の基準が当てはまらない非典型事例の場合は，「原告の過失（○○確認不十分）と被告の過失（○○義務違反）を対比して過失割合を定めた。」等の記載例が考えられる。

【例2】
　　　　平成○○年(ハ)第○○○○号　損害賠償本訴請求事件
　　　　平成○○年(ハ)第○○○○号　損害賠償反訴請求事件
　　　　　原告（反訴被告）　○○○○（以下「原告」という。）
　　　　　被告（反訴原告）　○○○○（以下「被告」という。）

和解案の骨子

【過失割合】
　　　原告（後続直進車）40％　：　被告（進路変更車）60％
　※　別冊判例タイムズ38号【153】を参考にして,その基本割合に,原告10％（ゼブラゾーン通行）の加算修正を行った。

【損害項目】
　〔原告〕　○○万円・・・A（①＋②）
　　①　修理費用　○○万円（甲○）
　　②　代車料　　○万円（甲○。ただし,代車期間は14日に限定）
　〔被告〕　○○万円・・・B
　　　修理費用　○○万円（乙○）

【過失相殺後の損害額】
　〔原告〕　○○万円（A×0.6＝○○万円）
　〔被告〕　○万円（B×0.4＝○万円）

【結論】
　1　被告は,原告に対し,○○万円を支払う。
　2　原告は,被告に対し,○万円を支払う。

（注意）上記和解案は,暫定的心証に基づくものである。

【審理の進め方のポイント】
- 第1回口頭弁論期日前に,原告から,基本書証(交通事故証明書,自動車検査証,事故現場の図面及び写真,原告車両の損傷状況の写真,原告車両の修理見積書)を提出してもらう。
- 第1回口頭弁論期日前に,原告及び被告から,訴訟の進行に関する参考事項(事前交渉の有無・内容,予想される争点,訴訟における和解可能性の有無,反訴・別訴提起の予定の有無等)を聴取する。
- 実質的第1回口頭弁論期日では,①争点の確認,②必要書証の提出の促し,③人証調べ申出予定の有無等今後の立証予定の確認,④和解可能性の有無及び和解勧告の時期の確認を行う。
- それ以降の審理では,動かし難い事実から事故態様について一定の心証(暫定的心証)を形成する。その上で,争点及び争点に対する判断をする上でポイントになる事実について当事者と共通認識を形成するように努める。また,人証調べの要否を見極める。
- 和解勧告の時期に関する当事者の意見を参考にしつつ,訴訟の進行段階ごとの心証の程度に応じて,積極的に和解を試みる。
- 和解案の提示は口頭で足りる場合もあるが,書面による方が有効な場合もある。
- 和解の際は,司法委員を積極的に活用する。司法委員は,交通損害賠償訴訟だから専門家司法委員でなければならない,といった考えにとらわれることなく,事案ごとに適任者を関与させる。司法委員に和解の補助をしてもらう場合は,司法委員との事前評議,共通認識の形成が肝要である。

第4 新モデルの解説

1 民訴法280条とその活用

民訴法280条は,「判決書に事実及び理由を記載するには,請求の趣旨及び原因の要旨,その原因の有無並びに請求を排斥する理由である抗弁の要旨を表示すれば足りる。」と定める。つまり,簡易裁判所の判決書の事実及び理由には,①請求の趣旨及び原因の要旨,②請求の原因の有無,③請求を排斥する抗弁の要旨を表示すれば足りる。その趣旨は,少額軽微な事件について,簡易迅速な紛争解決を目指す簡易裁判所においては,判決書作成に費やす労力と時間を軽減し,これによって生じた余力を審理の充実等に振り向けて負担の適切な配分を図り,簡易裁判所の特色を十分に発揮させるところにあるといわれている[68]。

ところが,簡易裁判所の交通損害賠償訴訟事件の実情は,「第1 本研究の概要」の「2 簡易裁判所の交通損害賠償訴訟事件の実情と研究の必要性」で述べたとおり,審理期間が長期化し,判決書も長くなる傾向にあり,本来,簡易裁判所に求められている簡易迅速な審理及び判決を実現することができていないのではないかとの懸念がある。そこで,交通損害賠償訴訟事件においては,民訴法280条を積極的に活用し,判決書作成に費やす労力と時間を軽減し,これによって生じた余力を審理の充実等に振り向け,簡易迅速な紛争解決を目指すべきである。

2 民訴法280条による判決書の記載事項

民訴法280条による判決書の記載事項は,具体的には次のとおりといわれている[69]。

① 請求(訴訟物)を特定するのに必要な事実は記載しなければならない。民訴法280条による判決書においても既判力の客観的範囲を明らかにする必要があるからである。

② 請求を理由づける事実は要旨を記載すれば足り,請求を理由づける要件事実を全て記載する必要はない。

③ 請求の原因の有無を記載すれば足りるから,極端に言えば,争いがない旨,又は証拠上認められるか否かの結論を記載するだけでも十分である。

④ 抗弁は請求を排斥する場合に記載すれば足りるから,抗弁を排斥して請求を認容する場合,抗弁を記載する必要はない[70]。

---

[68] 別冊法学セミナー基本法コンメンタール[第三版追補版]民事訴訟法2(日本評論社)350頁以下,コンメンタール民事訴訟法Ⅴ(日本評論社)381頁以下。
[69] 前掲別冊法学セミナー基本法コンメンタール,コンメンタール民事訴訟法Ⅴ参照。
[70] 民訴法280条による判決書では,抗弁が認められなかった場合,抗弁を記載する必要がなく,再抗弁以下も記載する必要がない。また,再抗弁が認められて抗弁に理由がないことになった場合にも抗弁以下を記載する必要はない。ただし,相殺の抗弁は,その判断に既判力が生じることから(民訴法114条2項),相殺の抗弁を排斥して請求を認容する場合は,その判断を記載すべきとされている。前掲別冊法学セミナー基本法コンメンタール,コンメンタール民事訴訟法Ⅴ参照。

また，抗弁も要旨を記載すれば足り，要件事実を全て記載する必要はない。

3 新モデルの記載事項

　新モデルにおいても民訴法280条の記載事項は記載する必要がある。しかし，その記載だけに止まると，当事者の納得が得られず，無用な上訴を招くおそれがある。判決書作成目的のなかで最優先されるべきものは，当事者に判決の内容を知らせるとともに，これに対し上訴するかどうかを考慮する機会を与えることにあるから[71]，民訴法280条を活用するとしても，当事者が真に裁判所の判断を求めている事項（中心的争点）に対しては，ある程度理由を記載するのが相当である。平成25年モデルも，そのようなことから，民訴法280条によれば必要的な記載事項でない敗訴当事者の供述の排斥等を記載していると解され，現に平成25年モデルは実務において成果を上げている[72]。そこで，新モデルの記載事項も，平成25年モデルを踏まえたものにすることとした。

　以下，平成25年モデルのケースを例に，新モデルの記載事項を具体的に説明する。

> ✐ **補論 —— 判決書を簡略化することに対する懸念に対して**
> 　判決書を簡略化することに対する懸念としては，当事者に対する説得性や控訴審裁判官の批判が挙げられる。しかし，新モデルの判決書を実際に東京の弁護士4名並びに東京，大阪，名古屋及び横浜の各地方裁判所の交通部の裁判官に示して意見を聴取したところ，当事者に対する説得性に欠けるとか，控訴審（地裁）から見ると分かりにくいという批判はなく，むしろ，簡潔で分かりやすいという意見が多かった。したがって，前記のような懸念を抱く必要はないといえる。

---

[71] 10訂民事判決起案の手引1頁。
[72] 地裁裁判官に対するヒアリング結果。

【新モデル】

平成○○年○月○日判決言渡　同日原本領収　裁判所書記官

平成○○年(ハ)第○○○○号　損害賠償請求事件

口頭弁論終結日　平成○○年○月○日

判　　　決

東京都○○区○○1丁目2番3号

　　　原　　　告　　○　○　○　○

　　　同訴訟代理人弁護士　○　○　○　○

千葉県○○市○○4丁目5番6号

　　　被　　　告　　○　○　○　○

　　　同訴訟代理人弁護士　○　○　○　○

主　　　文

1　被告は，原告に対し，61万6315円及びこれに対する平成23年7月12日から支払済みまで年5分の割合による金員を支払え。

2　原告のその余の請求を棄却する。

3　訴訟費用は，これを10分し，その3を原告の負担とし，その余を被告の負担とする。

4　この判決は，第1項に限り，仮に執行することができる。

事　実　及　び　理　由

第1　請求

　　被告は，原告に対し，88万0495円及びこれに対する平成23年7月12日から支払済みまで年5分の割合による金員を支払え。

第2　事案の概要

　　民法709条に基づく損害賠償請求及び遅延損害金請求【※1】

1　前提事実【※2】

(1)　次の交通事故（本件事故）が発生した。

　ア　日時　平成23年7月12日午後2時40分頃

イ 場所　Ｃ市木下東１丁目１５番地６先路上の信号機により交通整理の行われている交差点（本件交差点）

　本件交差点の状況は別紙図面のとおり

ウ 事故車

(ｱ) Ａ（原告の子）運転・原告所有の普通乗用自動車（原告車）

(ｲ) 被告運転の普通貨物自動車（被告車）

エ 事故態様

本件交差点を東から西に直進しようとした原告車と、本件交差点を西から南に右折しようとした被告車が衝突した。衝突箇所は、原告車の前部と被告車の左側面である。

オ 両車の損傷状況

原告車は、フロントバンパ、左右のヘッドライト、エンジンフード等の車両前部を損傷し、経済的全損となった（甲４，５）。被告車は、左側前部のドア下付近から左側の後輪付近までの左側面を損傷した（乙１）。

(2) 原告の損害

車両時価相当額７５万円及びレッカー代５万０４５０円（合計８０万０４５０円）

2 争点【※３】【※４】

事故態様及び過失割合

第３　争点に対する判断【※５】

1 事故態様

(1) 証拠及び弁論の全趣旨によれば、事故態様は次のとおりと認められる。【※６】

ア Ａは、東西に走る道路（本件道路）の西行き車線の第１車線を走行中、本件交差点を左折しようと考え、左折指示器を点滅させながら本件交差点に接近したが、いつも左折している交差点ではないことに気付いたため、

本件交差点の停止線の直前で左折指示器を消し，そのまま本件交差点を直進したところ，右折進行してきた被告車と衝突した（甲９，証人Ａ）。

イ　被告は，本件交差点中央の右折車待機線で停車中，左折指示器を点滅させながら本件交差点に接近する原告車を発見したため，原告車が左折するものと思い込み，原告車の動静を注視しないまま，被告車を右折進行させた（甲２，９，被告本人）。

(2)　被告は，原告車は一旦本件交差点を左折したが，左折先の横断歩道手前で突然右へ進路を変え，本件交差点を直進しようとしたため，原告車の後ろを追う形で右折しようとした被告車と衝突したと供述する。

しかし，被告が供述する事故態様によると，原告車の前面と被告車の左側面が衝突することはあり得ない。

また，被告は，原告車は減速して左折した後に右に進路を変えたと供述するが，被告の供述は，原告車の前面が大きく損傷していることと整合しない。

よって，被告の供述は採用できない。【※７】

2　過失割合

１の認定事実によれば，被告には原告車の動静を注視しないまま右折進行した過失がある。他方，Ａにも，一旦左折指示器を点滅させる行動をとったにもかかわらず，対向右折車両の有無及び動静を注視しないまま漫然と直進した過失がある。【※８】

以上のＡと被告の過失を対比すると，過失割合は，原告側が３割，被告が７割[73]とするのが相当である。【※９】

第４　結論【※１０】

よって，原告の認容額は次のとおりとなる。

６１万６３１５円（８０万０４５０円の７割である５６万０３１５円及び弁

---

[73] 緑の本【107】が適用される事案であるから，基本割合は原告20：被告80となるが，Ａが一旦左折指示器を点滅させたことが修正要素になっている。

護士費用5万6000円の合計額)

東京簡易裁判所民事〇室

裁判官

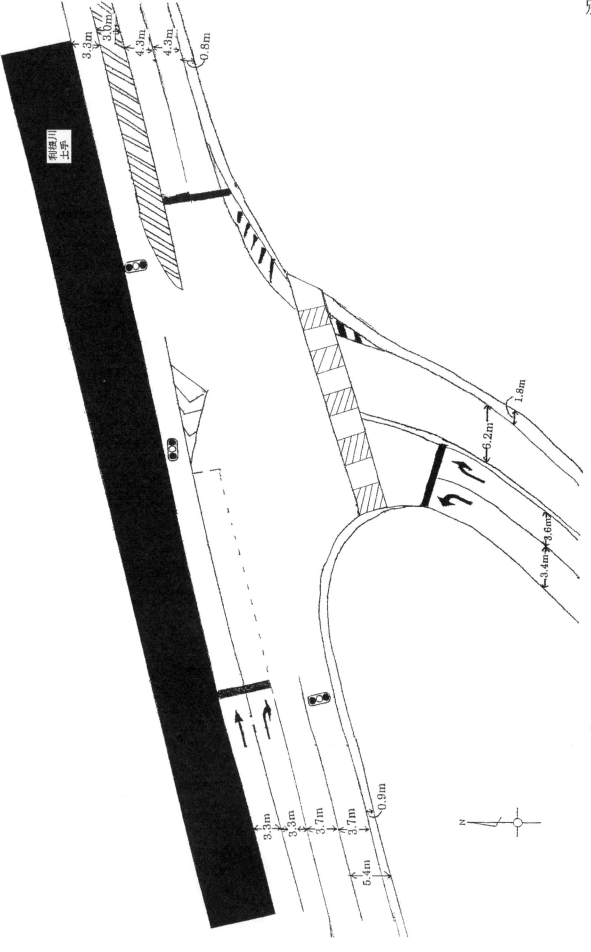

別紙

新モデルの記載事項の説明

【※１】

　訴訟物は他の権利と識別できるように記載すればよいから，物損事故事件では，民法709条に基づく損害賠償請求というように請求権の根拠条文を記載し，原告が主張する交通事故及び損害が物件損害であることを記載すれば，訴訟物が特定できる（人身損害の賠償請求権と物件損害の賠償請求権は別個のものと解されている。なお，物件損害の賠償請求権は侵害された物ごとに発生すると解されている。）[74]。

　ところで，事案の概要の冒頭に請求（訴訟物）を特定するのに必要な事実を文章で記載するのが通例であるが，判決書全体から訴訟物が特定できれば足りるから，原告が主張する交通事故及び損害が物件損害であることが判決書に記載されていれば，事案の概要の冒頭には請求権の根拠条文を記載すれば足りると考えられる。

　附帯請求である遅延損害金請求も，そのことさえ示せば，他の記載と相俟って，交通事故発生日から支払済みまでの民法所定の年５分の割合による遅延損害金請求であることが特定できる。

　よって，新モデルでは，事案の概要の冒頭に「民法709条に基づく損害賠償請求及び遅延損害金請求」と記載した（原告が主張する交通事故及び損害が物件損害であることは前提事実に記載されている。なお，原告の請求を一部でも認容するときは，前提事実や原告の損害に対する判断の中で原告が主張する損害が物件損害であることが示されるが，原告の請求を全部棄却するときは，原告が主張する損害が物件損害であることを判決書のどこかに記載しないと訴訟物が特定できなくなることに注意する必要がある（「第５　新モデルの具体例」のケース７及びケース10参照）。）。

　訴訟物の記載方法に悩むケースに保険会社による求償金請求事件があるが，保険会社が代位取得する権利は被害者の損害賠償請求権であるから[75]，「民法709条に基づく損害賠償請求権（保険代位）」と記載すれば訴訟物が特定できると考えられる（「第５　新モデルの具体例」のケース４，ケース５，ケース７及びケース９参照）。

【※２】

　前提事実（又は争いのない事実等）（以下「前提事実等」という。）には，争いのない事実及び証拠によって容易に認定できる事実を記載する。ただし，それらの事実を全て記載するのではなく，判決書に記載する必要がある事実のみを記載する。判決書に記載する必要がある事実は一般的に次のとおりである。証拠によって認定した事実は認定証拠も記載する。

---

[74] LP21頁，227頁。
[75] 保険法25条１項参照。

ア　交通事故が発生した日時
イ　交通事故が発生した場所

地番のほか，事故現場の道路状況を記載する必要がある事件は，ここに記載する。事故現場の道路状況は，文章で記載せず，図面を引用して記載するのが相当である。したがって，事故現場の道路状況を記載する必要がある事件では，当事者から判決書に添付する図面を提出してもらう必要がある。図面は，道路の幅員，車線数，形状等が正確に記載されているものが望ましいが，実際に当事者から提出される図面は概略図であることが多い。概略図の場合，道路状況に関して正確さが求められる情報はケースによって異なるから，その概略図が判決書に添付する図面としてふさわしいかにつき当事者と協議するのが相当である。

ウ　事故車

運転者，所有者，使用者のうち当該事件で必要な事実，使用者責任が問題となるときは運転者が被用者であること（事業執行性の要件事実は，それが争点とならない限り，記載を省略してよいと考えられる。），被害者側の過失が問題となるときは運転者が被害者側に属する者であること（運転者と被害者の関係），自動車の種別（普通乗用自動車，普通貨物自動車等）を記載する。登録番号の記載は必須ではない。

エ　事故態様

争いがない範囲で，事故態様及び衝突（接触）箇所を記載すると，判決書が分かりやすくなる。

オ　その他

例えば，次に記載する事実は，前提事実等に記載することによって判決書が分かりやすくなることがある。

(ｱ)　車の損傷状況

車の損傷状況が争点（事故態様）の決め手になる場合，車の損傷状況を前提事実等に記載しておくと，判決書が分かりやすくなる。

(ｲ)　被告の過失

被告の過失は争いがなく，争点は原告の過失及び過失割合である場合，被告の過失を前提事実等に記載しておくと，判決書が分かりやすくなる（「第5　新モデルの具体例」のケース2及びケース3参照）。

(ｳ)　争いのない損害又は証拠によって容易に認定できる損害

争いのない損害又は証拠によって容易に認定できる損害も，前提事実等に記載しておくと，判決書が分かりやすくなる。

なお，原告は弁護士費用も損害として請求しているが，損害として認められる弁護士費用の額は，事案の難易，請求額及び認容額等の事情を斟酌して定められるから[76]，原告の弁護士費用は前提事実に記載せず，原告の認容額が決まった後に記載する。

---

[76] 最判昭和44年2月27日民集23巻2号441頁。

【※3】
　争点は，見出し項目を記載すれば足りる。
　記載する見出し項目は，被告の過失，原告の過失及び過失割合（責任に関する争点）並びに原告の損害（損害に関する争点）であるが，事故態様に争いがあり，これによって過失や過失割合の判断が大きく変わる場合は，これも併記する。その際，争点整理を通じてポイントになる事実について当事者と共通認識を持つことができていれば，例えば，「被告車が発進したか」，「いずれが進路変更したか」というように，端的にその事実を記載すると判決書が分かりやすくなる（「第5　新モデルの具体例」のケース1及びケース4参照）。
　平成25年モデルのケースは，事故態様に照らすと，Aの過失及び被告の過失が認められるから，争点は過失割合である。また，事故態様について，Aと被告のいずれの供述を採用するかによって，事故発生の主たる責任者が入れ替わり，過失割合が大きく変わる。そこで，争点は「事故態様及び過失割合」と記載した。

【※4】
　当事者の主張を必ず記載する必要はない。その記載を省略すると，当事者及び控訴審裁判官にとって分かりにくくなるのではないかとの懸念を抱くかもしれないが，当事者は自らの主張を知っているから当事者の主張の記載がなくても主張内容が分かるといえるし（弁護士に対するヒアリング結果），争点に対する判断において，一方当事者の主張する事実を認定し，反対当事者の主張する事実を排斥していれば，自ずと主張内容が分かるといえるから（地裁裁判官に対するヒアリング結果），そのような懸念を抱く必要はないといえる[77]。
　もっとも，当事者の主張を記載することによって思考が整理しやすくなったり，判決書が書きやすくなったりすることがある。また，判決書も当事者の主張を記載した方が読みやすい場合があるし，当事者も裁判所が当事者の主張を正確に理解したことが分かるともいえる（弁護士に対するヒアリング結果）。したがって，新モデルにおいても当事者の主張を記載してもよいが，記載するとしても，民訴法280条の趣旨から，要旨を簡潔に記載すべきである。また，証拠評価に関する主張を記載する必要はない[78]。

---

[77] 一方当事者の主張する事実を認定し，反対当事者の主張する事実を排斥する事案以外の事案であっても（例えば，裁判所が認定した事故態様が，原告が主張する事故態様と被告が主張する事故態様のいずれとも異なる場合（いわゆる第3のストーリーを認定した場合）），裁判所が認定した事実に反する当事者等の陳述又は供述を排斥すれば，当事者の主張内容と当事者等の陳述又は供述は一致するのが通常であるから，当事者の主張内容が自ずと分かると考えられる。しかし，当事者等の陳述及び供述がない場合（陳述書が提出されず，人証調べも実施されていない場合）は，その排斥によって当事者の主張内容を明らかにすることができないから，「被告は○○と主張するが，本件全証拠によっても認められない。」，「被告は○○と主張するが，これを認めるに足りる証拠はない。」と記載すればよい。
[78] 資料1の冗長判決モデルには証拠評価に関する主張が記載されているが（冗長判決モデルの「4(1)イ」），このような主張を記載する必要はない。

【※5】
　争点に対する判断（又は当裁判所の判断）には，まず，①認定事実を記載し，次に，②認定事実に反する間接事実及び証拠（以下「反対証拠」という。）の排斥理由を記載する。

【※6】
　認定事実が事故態様である場合，事故態様は過失や過失割合の判断をするために必要な限度で記載する。判断に必要でない事故現場に至る道行きや事故後の行動等は記載しない。
　予見可能性又は結果回避可能性が争われている場合には，まず，証拠によって認定できる事実を記載し，次に，予見可能性及び結果回避可能性に対する判断を記載する（「第5　新モデルの具体例」のケース2及びケース3参照）。
　また，認定に用いた証拠を記載する。証拠は認定事実ごとに記載するのが望ましいが，認定事実の冒頭にまとめて記載することも許される。
　なお，認定に用いた証拠が信用できる理由を記載することは必須ではないが，その判断を示した方が説得力を増す場合には，それを記載することも考えられる（「第5　新モデルの具体例」のケース9参照）。

【※7】
　排斥理由を記載する反対証拠は，敗訴当事者が重視していた重要なものだけでよい。多くの場合，敗訴当事者の陳述及び供述を排斥すれば足りるが，敗訴当事者が自らの主張を裏付ける重要な証拠を指摘している場合は，それも排斥する。
　なお，排斥するのは反対証拠のみでよく，敗訴当事者の主張を排斥する必要はない。

【※8】
　認定した過失を簡潔に記載する。また，過失割合の判断に影響した事実（修正要素等）も記載する。なお，過失と修正要素等は区別しうるが，判決書においてこれらを区別して記載する必要はない。

【※9】
　過失割合は，当事者双方の過失を対比して定めるのが基本であるから，原則として，「前記認定の原告と被告の過失を対比すると，過失割合は，原告○，被告○とするのが相当である。」と記載すれば足りる。また，修正要素等を考慮した場合は，「前記認定の原告と被告の過失の対比及び○○を総合考慮すると，過失割合は，原告○，被告○とするのが相当である。」と記載すれば足りる。
　しかし，緑の本等に記載されていない事故態様の場合や，事故態様に争いはなく，争点は専ら過失割合であり，当事者が過失割合にこだわっている場合は，過失割合を定めた理由を簡潔に記載することが相当な場合もある（「第5　新モデルの具体例」のケース8参

照)[79]。

【※10】

　結論は，請求を全部又は一部認容する事件では認容額の算定根拠が分かるように記載し，請求を全部棄却する事件では請求に理由がないことを端的に記載する。

> ✎　**補論 —— 上記記載事項が当てはまらないケースについて**
> 　物損事故事件の中には，例えば，原告車と被告車が接触したかどうかが争点になり，接触の事実が認められなかったケース（「第5　新モデルの具体例」のケース10）のように，上記記載事項が当てはまらないケースもある。そのようなケースでは，上記記載事項にとらわれることなく，民訴法280条の趣旨及び新モデルの記載事項の趣旨を踏まえて判決書を作成する必要がある。

---

[79] 弁護士に対するヒアリング結果によれば，当事者がこだわっていた点については簡潔でよいので判決書の中で触れてほしいという意見が多かった。敗訴当事者がこだわっていた点が事実認定にある場合は，反対証拠の排斥理由を記載することによって敗訴当事者の主張に応答することになるが，敗訴当事者がこだわっていた点が過失や過失割合の法的判断にある場合は，敗訴当事者の主張を踏まえて，その点についてある程度理由を記載することが相当な場合もあろう。

【参考】当事者の主張を記載した例

平成○○年○月○日判決言渡　同日原本領収　裁判所書記官
平成○○年(ハ)第○○○○号　損害賠償請求事件
口頭弁論終結日　平成○○年○月○日

判　　決

東京都○○区○○１丁目２番３号
　　　原　　告　　○　○　○　○
　　　同訴訟代理人弁護士　○　○　○　○
千葉県○○市○○４丁目５番６号
　　　被　　告　　○　○　○　○
　　　同訴訟代理人弁護士　○　○　○　○

主　　文

1　被告は，原告に対し，６１万６３１５円及びこれに対する平成２３年７月１２日から支払済みまで年５分の割合による金員を支払え。
2　原告のその余の請求を棄却する。
3　訴訟費用は，これを１０分し，その３を原告の負担とし，その余を被告の負担とする。
4　この判決は，第１項に限り，仮に執行することができる。

事　実　及　び　理　由

第１　請求
　　被告は，原告に対し，８８万０４９５円及びこれに対する平成２３年７月１２日から支払済みまで年５分の割合による金員を支払え。
第２　事案の概要
　　民法７０９条に基づく損害賠償請求及び遅延損害金請求
　1　前提事実
　(1)　次の交通事故（本件事故）が発生した。
　　ア　日時　平成２３年７月１２日午後２時４０分頃

イ　場所　C市木下東1丁目15番地6先路上の信号機により交通整理の行われている交差点（本件交差点）

　　　本件交差点の状況は別紙図面のとおり

ウ　事故車

　(ｱ)　A（原告の子）運転・原告所有の普通乗用自動車（原告車）

　(ｲ)　被告運転の普通貨物自動車（被告車）

エ　事故態様

　　本件交差点を東から西に直進しようとした原告車と，本件交差点を西から南に右折しようとした被告車が衝突した。衝突箇所は，原告車の前部と被告車の左側面である。

オ　両車の損傷状況

　　原告車は，フロントバンパ，左右のヘッドライト，エンジンフード等の車両前部を損傷し，経済的全損となった（甲4，5）。被告車は，左側前部のドア下付近から左側の後輪付近までの左側面を損傷した（乙1）。

(2)　原告の損害

　車両時価相当額75万円及びレッカー代5万0450円（合計80万0450円）

2　争点及び争点に対する当事者の主張

　事故態様及び過失割合

（原告の主張）

　Aは，東西に走る道路の西行き車線の第1車線を走行中，本件交差点を左折しようと考え，左折指示器を点滅させながら本件交差点に接近したが，いつも左折している交差点ではないことに気付いたため，本件交差点の停止線の直前で左折指示器を消し，そのまま本件交差点を直進した。

　ところが，被告は，左折指示器を点滅させながら本件交差点に接近する原告車を発見して原告車が左折するものと思い込み，原告車の動静を注視しないま

ま，被告車を右折進行させたため，本件事故が発生した。

過失割合は，被告が7割以上，原告側が3割以下である。

（被告の主張）

被告は，原告車が左折指示器を点滅させ，減速して一旦本件交差点を左折したため，原告車の後ろを追う形で右折しようとしたところ，原告車が左折先の横断歩道手前で突然右へ進路を変え，本件交差点を直進しようとしたため，本件事故が発生した。

過失割合は，原告側が7割，被告が3割である。

第3 争点に対する判断

1 事故態様

(1) 証拠（甲2，9，証人A，被告本人）及び弁論の全趣旨によれば，事故態様は原告の主張するとおりと認められる[80]。

(2) 被告は，被告の主張と同趣旨の供述をするが，次の理由により採用できない[81]。

① 被告の供述する事故態様によると，原告車の前面と被告車の左側面が衝突することはあり得ないこと。

② 被告の供述は，原告車の前面が大きく損傷していることと整合しないこと。

2 過失割合

1の認定事実によれば，被告には原告車の動静を注視しないまま右折進行した過失がある。他方，Aにも，一旦左折指示器を点滅させる行動をとったにもかかわらず，対向右折車両の有無及び動静を注視しないまま漫然と直進した過失がある。

以上のAと被告の過失を対比すると，過失割合は，原告側が3割，被告が7

---

[80] 当事者が主張する事故態様が認定できる場合，このように記載すれば足りる。
[81] 反対証拠の排斥理由は，箇条書きで記載することも考えられる。

割とするのが相当である。

第4　結論

よって，原告の認容額は次のとおりとなる。

６１万６３１５円（８０万０４５０円の７割である５６万０３１５円及び弁護士費用５万６０００円の合計額）

　東京簡易裁判所民事○室

　　　裁判官

別紙

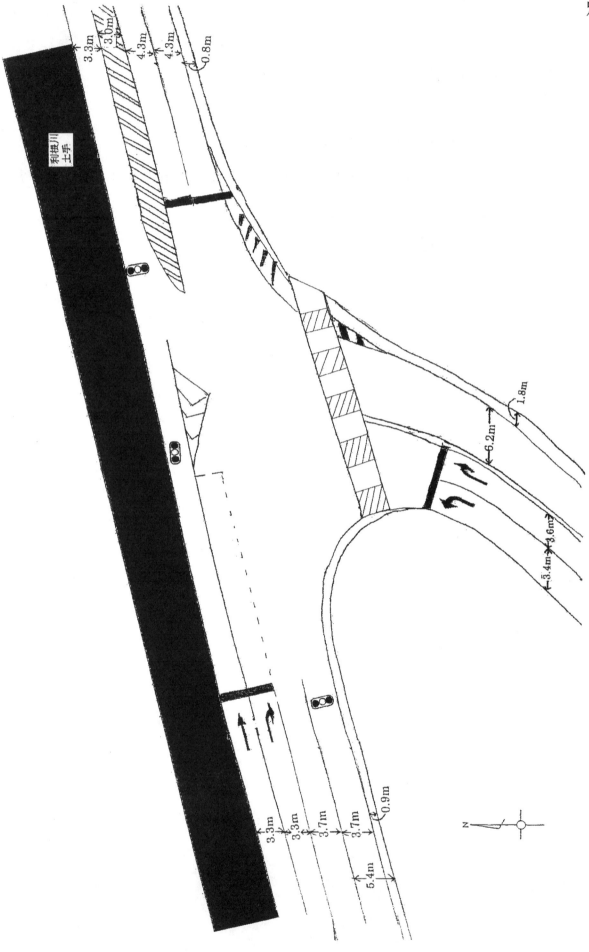

第5 新モデルの具体例

ここからは，実務でよく見られるケースごとに新モデルによる判決書を示す。また，ケースごとに争点整理の過程及び争点に対する判断の過程を説明する。判決書と審理運営は表裏一体の関係にあるといわれるように，争点整理や事実認定を適切に行ったからこそ簡にして要を得た判決書が作成できる。判決書と説明を併せて読むことによってそのことを理解してほしい[82]。

取り上げるケースは次の10個である。いずれのケースも研究員が実際にあった事例を参考に作成した架空の事例であり，人名等も全て仮名である。これらのケースの中には和解が成立してもおかしくないケースがあるが，新モデルによる判決書を示すため，和解は成立しなかったことにした。

【ケース1】
駐車場における衝突事故で，事故態様が中心的争点になり，車の損傷状況から事故態様が認定できたケース

【ケース2】
客を乗せて発進しようとしたタクシーとタクシーを追い越そうとした車両が接触した事故で，追越車両運転者の過失（予見可能性）及び過失割合が争点になったケース

【ケース3】
駐車場における衝突事故で，争点整理の結果，責任に関する争点が被告の過失（結果回避可能性）に絞られたケース

【ケース4】
同一方向進行車両同士の接触事故で，事故態様が中心的争点になり，車の損傷状況から事故態様が認定できたケース

【ケース5】
同一方向進行車両同士の衝突事故で，事故態様が中心的争点になり，車の損傷状況だけでは事故態様が認定できず，それ以外の動かし難い事実から事故態様を認定したケース

【ケース6】
交差点における出合い頭衝突事故で，信号の色が争点になり，事故現場の道路状況から信号の色が認定できたケース

【ケース7】
交差点における出合い頭衝突事故で，信号の色が争点になり，車の損傷状況及び事故現場の道路状況からは信号の色が認定できず，供述の一貫性によって当事者の供述の信用性を判断したケース

---

[82] 本書に示した争点整理の過程は理想型であり，全ての事件でこのような審理を実現するのは困難かもしれないが，今後，本書を参考に理想型の審理を目指してほしい。

【ケース8】
　事故態様，被告の過失及び原告の過失は争いがなく，過失割合のみが争点になったケース
【ケース9】
　駐車場における衝突事故で，争点整理を通じて，争点について当事者と共通認識を形成し，供述の具体性等によって当事者の供述の信用性を判断したケース
【ケース10】
　原告車と被告車が接触したかどうかが争点になり，車の損傷状況から接触の事実は認められないと判断したケース

【ケース1】

駐車場における衝突事故で，事故態様が中心的争点になり，車の損傷状況から事故態様が認定できたケース

平成○○年○月○日判決言渡　同日原本領収　裁判所書記官

平成○○年(ﾜ)第○○○○号　損害賠償請求事件

口頭弁論終結日　平成○○年○月○日

判　　　　　決

名古屋市○○区○○1丁目2番3号
　　　　原　　　告　　　杉　山　真　也
　　　　同訴訟代理人弁護士　　○　　○　　○　　○
名古屋市○○区○○2丁目3番4号
　　　　被　　　告　　　村　中　商　店　株　式　会　社
　　　　同代表者代表取締役　　○　　○　　○　　○
名古屋市○○区○○3丁目4番5号
　　　　被　　　告　　　北　川　俊　平
　　　　被告ら訴訟代理人弁護士　○　　○　　○　　○

主　　　　　文

1　被告らは，原告に対し，連帯して30万円及びこれに対する平成27年5月5日から支払済みまで年5分の割合による金員を支払え。
2　訴訟費用は被告らの負担とする。
3　この判決は，第1項に限り，仮に執行することができる。

事　実　及　び　理　由

第1　請求

　　主文と同旨

第2　事案の概要

　　被告村中商店株式会社（被告会社）：民法715条に基づく損害賠償請求及び遅延損害金請求

　　被告北川俊平（被告北川）：民法709条に基づく損害賠償請求及び遅延損害金請求

1 争いのない事実等
(1) 交通事故（本件事故）の発生
ア 日時　平成27年5月5日午後6時30分頃
イ 場所　名古屋市○○区○○4丁目5番6号の駐車場（本件駐車場）
　　現場の状況は別紙図面のとおり
ウ 事故車
(ア) 原告が所有し運転する普通乗用自動車（原告車）
(イ) 被告会社の従業員である被告北川が運転する普通貨物自動車（被告車）
エ 事故態様

被告車は，図面の区画イに通路側を前に駐車し，発進の準備をしていた。

原告車は，図面の通路を矢印の方向に進行し，区画アに駐車するため，一旦同区画を通過して被告車の前方で停止し，右にハンドルを切りながら後退を開始した。

その後，原告車の右後部ドアと被告車の前部左角が衝突した。

(2) 原告の損害

原告車の修理費用は27万円（甲4）

2 争点

事故態様（被告車が発進したか），被告北川の過失及び原告の過失

第3 争点に対する判断

1 事故態様

(1) 証拠（甲3, 7, 乙1）によれば，事故態様は次のとおりと認められる。

原告車が区画アに駐車するため後退していたところ，被告北川は，原告車の存在に気付かずに被告車を発進させ，区画イから通路に約50cm出た地点で，被告車の前部左角を原告車の右後部ドアに衝突させた。

(2) 被告北川は，被告車は区画イから発進しておらず，原告車が駐車中の被告車に衝突したと供述する。

しかし，本件事故による原告車の右後部ドアの損傷は，長さ約６０ないし７０ｃｍのほぼ水平な擦過傷であり，後ろから前にかけて傷が深くなり，最後に約４ｃｍ下に沈み込んでいるが（甲３），この原告車の損傷状況からすると，被告車が発進・前進したことによって傷が深くなり，最後に被告北川がブレーキをかけたことによって被告車が下に沈み込んだと推認される。

　　また，原告車はハンドルを右に切りながら後退していたから（争いがない。），内輪差により原告車の右後輪部分が最も内側を通過するところ，仮に被告車が停止していたとすると，原告車の傷の始点は原告車の右後輪付近かそれより後ろになると考えられるのにそこに傷はない（甲３）。

　　よって，被告北川の供述は信用できない。

２　被告北川の過失

　　１の認定事実によれば，被告北川には前方不注視の過失があったと認められる。

３　原告の過失

　　本件全証拠によっても原告に過失があったとは認められない。

第４　結論

　　よって，原告の請求は全部理由（弁護士費用は３万円相当）がある。

　　○○簡易裁判所

　　　　裁判官

別紙　　　　（注）図面はイメージ図であり，実際の図面とは異なる。

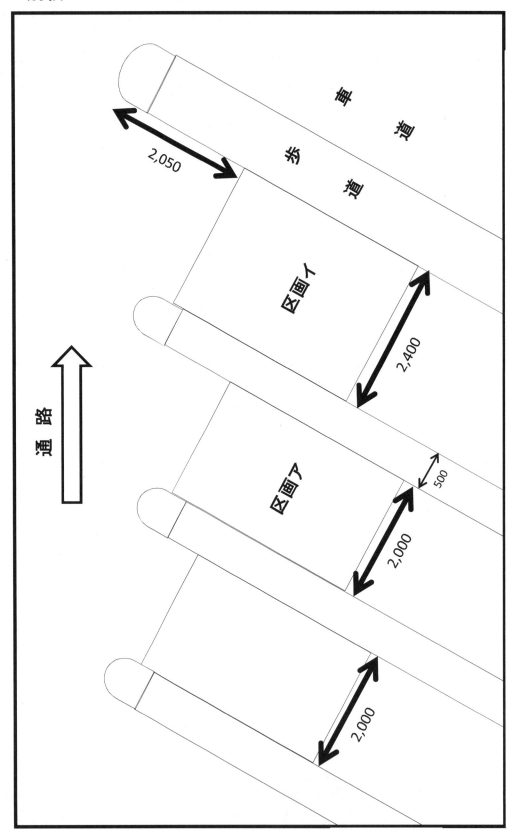

ケース1の説明

1 争点整理の過程

(1) 第1回口頭弁論期日前の準備

ア 書記官による基本書証の提出の促し

訴状審査時に書記官が基本書証提出の有無を確認したところ、交通事故証明書（甲1）、原告車の車検証（甲2）、原告車の損傷状況のカラー写真（甲3）、原告車の修理費用見積書（甲4）が提出されていたが、事故現場の図面及び写真が提出されていなかったため、書記官が原告代理人に提出を促した。

イ 書記官による参考事項聴取

書記官が原告代理人から参考事項を聴取したところ、原告は被告と事前交渉をしたが、事故態様及び被告北川の過失について争いがあり、交渉はすぐに決裂したことが判明した[83]。

(2) 実質的第1回口頭弁論期日の審理

ア 争点の確認

訴状及び答弁書によれば、原告は原告車が後退中に被告北川が原告車に気付かずに被告車を発進させたと主張し、被告らは駐車中の被告車に後退中の原告車が衝突したと主張していた。よって、争点は事故態様（被告車が発進したか）及び被告北川の過失であった。

イ 事故現場の図面の正確性の確認

原告から事故現場の写真（甲5）及び事故現場の図面（甲6）が提出されたため、被告ら代理人に事故現場の図面（甲6）の正確性を確認すると、概ね正確だと思うが念のために確認するとのことであった。

ウ 立証予定の確認と書証の提出の促し

双方に今後の立証予定を確認したところ、原告代理人は原告車の損傷状況から被告車が発進したことは明らかであり、準備書面を提出すると述べた。他方、被告ら代理人は原告の準備書面が提出されたら反論の準備書面を提出すると述べた。そこで、主張ではなく立証はどのように行う予定か再度確認したところ、原告代理人は事故態様について原告の陳述書を提出すると述べ、被告ら代理人も同様であったことから、裁判所が事故態様をイメージできるような陳述書を提出してほしいと要望した。また、被告車の損傷状況の写真が提出されていなかったため、被告ら代理人に提出を促した。

エ 損害に関する争点の整理と反訴提起予定の確認

---

[83] ケース2以下のケースでも、ケース1のように、書記官が基本書証の提出の促し及び参考事項聴取を行っているが、説明は割愛する。

　　　　原告の損害に対する被告の認否は不知であったが，被告ら代理人に確認すると，見積書（甲4）の信用性を積極的に争う予定はないとのことであった。また，反訴提起予定の有無を確認すると，被告車の損傷は極めて軽微であり反訴提起の予定はないとのことであった。
　　　　この結果，争点は事故態様及び被告北川の過失に絞られた。
　オ　手続の選択と司法委員の活用の決定
　　　　争点整理は口頭弁論で行うことにした[84]。また，争点の内容を踏まえて，この段階から司法委員を活用することとし，次回期日から特定の司法委員を事件指定することとした[85]。

(3) その後の審理
　ア　書証の検討と重要な間接事実に対する認否の確認
　　　　原告から準備書面及び原告の陳述書（甲7）が提出され，被告らから被告車の損傷状況のモノクロ写真（乙1）及び被告北川の陳述書（乙2）が提出された。
　　　　原告の陳述書によれば，原告車と被告車が衝突した場所は区画イから通路に約50cm出た地点とのことであったが，被告北川の陳述書にはその点の記載がなかったため，被告ら代理人に確認してもらうことにした。
　イ　判決書に添付する事故現場の図面の確定
　　　　被告ら代理人が事故現場の図面（甲6）は正確と述べたため，これを判決書に添付することにした。
　ウ　新たな動かし難い事実の判明
　　　　その後，被告ら代理人から原告の準備書面に対する反論の準備書面が提出された。同準備書面には，原告車と被告車が衝突した場所について，「原告の陳述書に記載されているとおりだが，被告車は最初から約50cmはみ出した場所に駐車していた。」と記載されており，原告車と被告車が衝突した場所が区画イから通路に約50cm出た地点であることに争いはないことが判明した。
　エ　事故態様の検討（動かし難い事実と当事者の陳述の整合性の検討）
　　　　この段階で動かし難い事実から事故態様を検討した。
　　　　原告車と被告車が衝突した場所が区画イから約50cm出た地点であったこと（争いがない事実）からすると，被告車が発進したのではないかと思われた。しかし，最初から約50cmはみ出した地点に駐車することが全くないとは断言できなかったし，原告の陳述どおりだと被告北川は前を全く見ずに発進したことになるが，それ

---

[84] 弁論準備手続で行うことも考えられる。
[85] 原告車の損傷状況から被告車が発進したことは明らかとの原告代理人の主張からすると，アジャスターの司法委員を指定することが考えられる。しかし，当事者が専門的知識を適切に主張・立証すれば，一般司法委員であっても，その職責を十分果たすことができると考えられるから（「第3　審理の進め方　6　司法委員の活用」参照），アジャスターの司法委員にこだわる必要はない。

も不自然なように思われたことから，衝突地点は必ずしも事故態様の決め手にならないと考えた。

そこで，やはり動かし難い事実の中で最も重要な事実である車の損傷状況から検討すべきと考え，原告車の損傷状況のカラー写真（甲3）を検討したところ，原告車の損傷（右後部ドアの擦過傷）は次のとおりであった。

① 傷の始点は右後輪中心部の上部から約50ｃｍ前方
② 傷の終点は①から約60ないし70ｃｍ前方
③ ①から②までほぼ水平で，最後に約4ｃｍ下に沈み込んでいる
④ ①から②にかけて傷が深くなっている

この原告車の損傷状況からすると，被告車が発進・前進したことによって傷が深くなり（④），衝突に気付いた被告北川がブレーキをかけたことによって被告車の前部が下がり（ノーズダイブ現象），傷が下に沈み込んだ（③）と思われた。そして，原告代理人も準備書面でそのように主張していた。

これに対し，被告北川の陳述は次の点で信用できないと思われた。すなわち，原告車はハンドルを右に切りながら後退していたから（争いがない事実），内輪差により原告車の右後輪部分が最も内側を通過することになるところ，仮に被告北川が陳述するように被告車が停止していたとすると，原告車の傷の始点は原告車の右後輪付近かそれより後ろになると考えられるのにそこに傷はなく（①），原告車の傷は浅くなると考えられるのに深くなっていた（④）。よって，被告北川が陳述する事故態様は原告車の損傷状況と整合しないと思われた。また，仮に被告北川が陳述する事故態様によって原告車の傷の終点の下に沈み込む傷（③）を説明しようとすれば，原告車の車体中央部が持ち上がったと説明することになるが，そのような説明は困難と思われた。現に被告ら代理人の準備書面も，③についてノーズダイブ現象による傷とは断定できないと主張するだけで，③の傷の形成過程を説明していなかった。

以上の理由により，信用できるのは原告の陳述書であり，事故態様は原告主張のとおり認められるとの心証を形成した。

オ　司法委員との評議

司法委員とは期日前や期日後に適宜評議を行った。そして，評議において前記心証を司法委員に伝えて意見を求めたところ，司法委員も同意見であることが判明した[86]。

カ　審理の進め方に対する代理人の意見の確認

原告主張の事故態様からすると，被告北川に過失があることは明らかであり，あとは原告の過失が問題になるだけであった。そこで，被告ら代理人に対し，仮に事故態様が原告主張のとおり認められた場合，過失相殺を主張するか確認したところ，主張すると答えたため，原告の過失も判断することになった。もっとも，双方とも

---

[86] ケース2以下のケースでも，ケース1のように，司法委員と評議を行っているが，説明は割愛する。

人証調べの申請予定はなく，あとは裁判所で判断してほしいと述べたため，弁論を終結することにした。

2 争点に対する判断の過程

(1) 事故態様及び被告北川の過失

前記のとおり，本件事故は被告北川が後退中の原告車に気付かずに被告車を発進させたことによって生じた事故であり，被告北川の過失が認められると判断した。

(2) 原告の過失

原告の過失としては，①発進前の被告車の前方に停止したこと，②後退中に被告車の動静を確認しなかったことの2点が考えられた。この点について被告ら代理人は原告の過失の内容を具体的に主張しなかったが，過失相殺は職権でもできることから，念のためにこの2点について検討した。しかし，原告車が被告車の前方に停止したとき，被告車はまだ発進しておらず（争いがない。），発進する様子もなかったこと（原告の陳述書，弁論の全趣旨）からすると，①は過失にならないと思われた。②も，後退中の原告車に気付かずに被告車が前進してくることを原告が予見できたとは認められなかったし，原告車と被告車が衝突したのは区画イから通路に約50ｃｍ出た地点であったことからすると，被告車は発進後すぐに原告車に衝突したと認められるから，原告が被告車との衝突を避けることはできなかったと思われた。よって，原告に過失があったとは認められないと判断した。

3 判決書の記載

(1) 争いのない事実等及び争点の記載

争いのない事実等に，事故態様のうち被告車が発進したか否かを除く事実を記載し，争点を，「**事故態様（被告車が発進したか），被告北川の過失及び原告の過失**」と記載した。

(2) 争点に対する判断の記載

ア 事故態様及び被告北川の過失

事故態様に対する判断には，まず被告車が発進したことを含め被告北川の過失を認めるために必要な事実を記載し，次に認定事実に反する被告北川の供述を排斥する理由を記載した。その理由は被告北川の供述が原告車の損傷状況と整合しないことである。原告の供述が信用できる理由（原告車の損傷状況と整合すること）の記載は省略した。その上で被告北川の過失を端的に記載した。

イ 原告の過失

原告の過失に対する判断は，本件の中心的争点が事故態様及び被告北川の過失であったこと，被告らは原告の過失を積極的に主張・立証しなかったことから，結論だけを簡潔に記載した。

【ケース2】

客を乗せて発進しようとしたタクシーとタクシーを追い越そうとした車両が接触した事故で，追越車両運転者の過失（予見可能性）及び過失割合が争点になったケース

平成○○年○月○日判決言渡　同日原本領収　裁判所書記官

平成○○年(ハ)第○○○○号　損害賠償請求事件（本訴）

平成○○年(ハ)第○○○○号　損害賠償請求事件（反訴）

口頭弁論終結日　平成○○年○月○日

判　決

東京都○○区○○1丁目2番3号

　　　本訴原告・反訴被告（以下「原告」という。）

　　　　　　　　　　　　　　　　伊　達　　　仁

　　　同訴訟代理人弁護士　　　　○　○　○　○

東京都○○区○○2丁目3番4号

　　　本訴被告・反訴原告（以下「被告」という。）

　　　　　　　　　　　　　　上　杉　交　通　株　式　会　社

　　　同代表者代表取締役　　　　○　○　○　○

　　　同訴訟代理人弁護士　　　　○　○　○　○

主　文

1　被告は，原告に対し，25万8000円及びこれに対する平成26年11月30日から支払済みまで年5分の割合による金員を支払え。

2　原告は，被告に対し，2万7871円及びこれに対する平成26年11月30日から支払済みまで年5分の割合による金員を支払え。

3　原告及び被告のその余の請求をいずれも棄却する。

4　訴訟費用は，本訴反訴を通じ，これを5分し，その1を原告の，その余を被告の各負担とする。

5　この判決は，第1項及び第2項に限り，仮に執行することができる。

事　実　及　び　理　由

第1　請求

1　本訴

被告は，原告に対し，５７万０７１７円及びこれに対する平成２６年１１月３０日から支払済みまで年５分の割合による金員を支払え。

2 反訴

原告は，被告に対し，１３万９３５６円及びこれに対する平成２６年１１月３０日から支払済みまで年５分の割合による金員を支払え。

第2 事案の概要

本訴　民法７１５条に基づく損害賠償請求及び遅延損害金請求

反訴　民法７０９条に基づく損害賠償請求及び遅延損害金請求

1 争いのない事実等

(1) 交通事故（本件事故）の発生

ア　日時　平成２６年１１月３０日午後８時２５分頃

イ　場所　東京都○○区○○３丁目４番５号先の道路上（片側１車線の道路が片側２車線になって間もない地点）

ウ　事故車

原告車　原告所有・運転の普通乗用自動車

被告車　被告所有・被告の従業員北条健介（北条）運転の普通乗用自動車（タクシー）

エ　事故態様

被告車は，客を乗せるために第１車線の左側に停車し，客を乗せて発進した。

原告車は，被告車の後方を走行し，被告車の右側を追い越した。

原告車の左後部と被告車の右前部が接触した。

(2) 北条の過失

発進時の安全確認不十分

(3) 被告の損害

被告車の修理費用１３万９３５６円（乙２）

2 争点

(1) 原告の過失（原告は被告車の発進を予見できたか）及び過失割合

(2) 原告の損害

第3 当裁判所の判断

1 争点(1)について

(1) 証拠によれば，次の事実が認められる。

ア 原告は，時速約30kmの速度で走行し，本件事故現場の手前30m付近で，ハザードを点灯させた被告車が客を乗せてドアを閉めるのを見たが，被告車は原告車が被告車を追い越した後に発進すると思い込み，被告車の動静を確認することなく被告車の右側直近を通過し，通過後直ちにハンドルを左に切ったところ，被告車と接触した（原告本人）。

イ 北条は，客を乗せ，ドアを閉めた後，ハザードを消灯してギアチェンジし，右側を確認しないまま，ハンドルを少し右に切ってアクセルを踏んだところ，原告車と接触した（証人北条）。

(2) 上記(1)イに対し，原告は，北条はハザードを消灯していないと供述するが，原告が被告車のハザードを最後に見たのは，前記アの被告車を追い越すことにしたところであり，その後は被告車の動静を確認していないから（原告本人），原告の供述は採用できない。

(3) 原告の過失

原告は，約30m前方の被告車が客を乗せてドアを閉めるのを見たのであるから，被告車が発進することを予見し，被告車を追い越す際には，被告車との間隔を確保すべきであったのにこれを怠ったから，原告には過失がある。

(4) 過失割合

北条と原告の過失を対比すると，右側を確認せずに被告車を発進させた北条の過失が大きいから，過失割合は，北条80，原告20とするのが相当である。

2 争点(2)について

　原告が提出する５７万０７１７円の見積書（甲３）は一式金額の計上が多いのに対し，被告は，２社が別の機会に査定した３１万１６２７円の見積書（乙３）と３３万３３７３円の見積書（乙４）を提出しており，その金額は近似する上，算定根拠も明らかである。したがって，原告車の修理費用は，被告見積額の平均である３２万２５００円を相当と認める。

第４　結論

　よって，本訴の認容額は３２万２５００円に０.８を乗じた２５万８０００円，反訴の認容額は１３万９３５６円に０.２を乗じた２万７８７１円である。

　　○○簡易裁判所
　　　裁判官

ケース2の説明

1 争点整理の過程

(1) 本訴の実質的第1回口頭弁論期日の審理

ア 争点の確認

答弁書には北条の過失（発進時の安全確認不十分）及び被告の使用者責任は認めるが、原告にも過失があると記載されていた。そこで、原告代理人に原告の過失を認めるか確認したところ、否認すると述べたので、原告の過失、それが認められた場合の過失割合が争点であった。また、答弁書には原告主張の損害（修理費）は高すぎると記載されており、原告の損害も争点であった。

イ 過失の内容及び過失を基礎づける具体的事実の求釈明

事故態様については、被告車が客を乗せるために第1車線の左側に停車し、客を乗せて発進した直後、被告車を右側から追い越した原告車の左後部と被告車の右前部が接触したことに争いはなかった。しかし、それ以上の事実は不明であり、これでは原告の過失が判断できなかったため、被告代理人に原告の過失の内容及び過失を基礎づける具体的事実の主張・立証を求めた。

ウ 損害に関する争点の整理と反訴提起時期の確認

原告の損害については、原告車の修理費用見積書（甲3）が提出されていたが、被告代理人はその相当性を争うと述べ、次回期日までに相当修理費用を立証するために見積書を提出するとのことであった。また、書記官が事前に被告代理人から聴取したとおり、被告は被告車の損害について反訴を提起する予定であり、現在その準備中とのことであった。

エ 手続の選択と司法委員の活用の決定

争点整理は口頭弁論で行うことにした[87]。また、争点の内容を踏まえて、この段階から司法委員を活用することとし、次回期日から特定の司法委員を事件指定することとした。

(2) その後の審理

ア 反訴提起と過失の内容及び過失を基礎づける具体的事実の主張

反訴が提起された。反訴状には、被告車は客を乗せたところであり、発進前にハザードも消灯したから、原告が被告車の動静をよく確認していれば被告車の発進を予見できたと記載されていた。これに対し原告は、被告車はハザードを消灯していなかったから被告車の発進を予見できなかったと主張した。こうして、争点は原告の予見可能性、特に被告車が発進前にハザードを消灯したかどうかにあることが確認された。

---

[87] 弁論準備手続で行うことも考えられる。

イ　立証予定の確認と人証調べの準備

代理人双方に今後の立証予定を確認したところ，人証（北条及び原告）調べを申請するとのことであったため，陳述書及び証拠申出書の提出を求めた。

ウ　損害に関する争点の整理

被告は，原告車の相当修理費用を立証するために見積書2通（乙3，4）を提出した。これに対し原告代理人は，その見積書の形式的証拠力は争わないが，実質的証拠力を争う，詳細は準備書面で主張すると述べた。

エ　新たな動かし難い事実の判明

その後，代理人双方から陳述書及び証拠申出書，原告代理人から準備書面が提出された。北条の陳述書には，客を乗せた後，ハザードを消灯し，右側をよく確認しないまま発進したところ，原告車と接触したと記載されていた。他方，原告の陳述書には，被告車が客を乗せてドアを閉めるのは見たが，ハザードが点灯したままであったため，被告車はまだ発進しないと思い，被告車を追い越したと記載されていた。原告の陳述書に記載されていた「被告車が客を乗せてドアを閉めるのは見た」との事実は被告車の発進に対する原告の予見可能性を基礎づける事実であり，これを認める原告の陳述は自己に不利益な事実を認める陳述として動かし難い事実になると思われた。

オ　過失の検討と人証調べの決定

「被告車が客を乗せてドアを閉めるのは見た」との事実からすると，タクシーが客を乗せてドアを閉めれば間もなく発進するのが通常であるから，仮にハザードが点灯したままであったとしても，原告は被告車の発進を予見すべきであったといえると思われた。よって，原告の予見可能性を判断するためにハザードの消灯の有無を認定する必要はないと考えるようになった。そして，原告の過失の内容・程度を決める事実は，原告が被告車のドアが閉まるのを見た地点や，その後の被告車の動静に対する原告の注意の程度であり，裁判所が認定すべき事実はこれらの事実であると考えるようになった。もっとも，ハザードの消灯の有無も原告の過失の内容・程度に影響を及ぼす可能性があるから，その点も含めて事実関係を明らかにする必要があると考え，人証調べを実施することにした[88]。

2　争点に対する判断の過程

(1) 原告の過失

原告本人尋問の結果，原告が被告車の動静を最後に確認したのは被告車を追い越すことにした時点であり，その位置は被告車の後方約30mの地点であったこと，その時点で被告車は客を乗せてドアを閉めていたが，原告はハザードが点灯していたことか

---

[88] 人証調べを行う前に，原告に対し，原告が被告車のドアが閉まるのを見た地点や，その後の被告車の動静に対する原告の注意の程度の点を明らかにした補充の陳述書の提出を求めることも考えられる。

ら被告車は原告車が被告車を追い越してから発進するものと思い込み，その後，被告車の動静を確認することなく被告車の右側を通過するやハンドルを左に切ったことが明らかになった。

　この事実によれば，原告は被告車の後方約30mの地点で被告車がドアを閉めたのを見たのであるから，被告車の発進を予見し，被告車との間隔を確保して被告車を追い越す義務があるにもかかわらず，それを怠った過失があると認められると判断した。

(2) 過失割合

　北条証人尋問の結果，北条は客を乗せてドアを閉めた後，ハザードを消灯してギアチェンジし，右側を確認しないままハンドルを少し右に切ってアクセルを踏んだところ，原告車と接触したことが明らかになった。しかし，ハザードを消灯したとはいえ，右側を確認しないままハンドルを少し右に切って被告車を発進させた北条の過失は大きいと思われた。

　過失割合は，本件事故が緑の本に記載されていない事故態様であったことから，進路変更車と後続直進車との事故（【153】基本割合70：30，進路変更車が合図をしていない場合90：10）を参考に，北条80，原告20と判断した。

(3) 原告の損害

　被告が提出した見積書2通は，原告提出の見積書に比し，一式計上が少なく，内容が具体的であった。また，利害関係のない2社の見積額が近似しており，信用性が高いと思われた。よって，原告車の修理費用は，被告見積額の平均である32万2500円と認めるのが相当と判断した。

3　判決書の記載

(1) 争点の記載

　争点は，**原告の過失，過失割合，原告の損害**であったため，そのように記載した。そして，原告の過失で争われていたのは原告が被告車の発進を予見できたかであったから，分かりやすくするためにその事実を括弧書で記載した。

(2) 当裁判所の判断の記載

ア　原告の過失及び過失割合

　当裁判所の判断には，まず原告の過失及び過失割合を判断するために必要な認定事実を記載し，次に認定事実に反する証拠（原告本人供述）を排斥する理由を記載した。その上で争点である原告の過失に対する判断を記載した。また，過失割合に対する判断は，緑の本に記載されていない事故態様であったことから，過失割合を定めた理由を簡潔に記載した。

イ　原告の損害

原告の損害に対する判断も理由を簡潔に記載した。

(3) その他

本件は，中心的争点である原告の過失を原告の前方確認状況等によって判断し，車の損傷状況及び事故現場の道路状況によって判断しなかったため，判決書には車の損傷状況を記載せず，図面も添付しなかった。

【ケース3】
駐車場における衝突事故で，争点整理の結果，責任に関する争点が被告の過失（結果回避可能性）に絞られたケース

平成○○年○月○日判決言渡　同日原本領収　裁判所書記官
平成○○年(ハ)第○○○○号　損害賠償請求事件（第1事件）
平成○○年(ハ)第○○○○号　損害賠償請求事件（第2事件）
口頭弁論終結日　平成○○年○月○日

判　　　決

静岡県○○市○○1丁目2番3号
　　　第1事件原告　　　　　　　　和　光　正　一
　　　　　　　　　　　　　　　　（以下「原告和光」という。）

静岡県○○市○○2丁目3番4号
　　　第2事件被告　　　　　　　　和　光　正　二
　　　　　　　　　　　　　　　　（以下「被告和光」といい，原告和光と併せて以下「和光ら」という。）

　　　上記2名訴訟代理人弁護士　　○　　○　　○　　○

静岡県○○市○○3丁目4番5号
　　　第1事件被告　　　　　　　　白　山　次　郎
　　　　　　　　　　　　　　　　（以下「被告白山」という。）

同所
　　　第2事件原告　　　　　　　　白　山　太　郎
　　　　　　　　　　　　　　　　（以下「原告白山」といい，被告白山と併せて以下「白山ら」という。）

　　　上記2名訴訟代理人弁護士　　○　　○　　○　　○

主　　　文

1　被告白山は，原告和光に対し，14万2600円及びこれに対する平成26年7月5日から支払済みまで年5分の割合による金員を支払え。

2　被告和光は，原告白山に対し，6万円及びこれに対する平成26年7月5日から支払済みまで年5分の割合による金員を支払え。

3　原告和光及び原告白山のその余の請求をいずれも棄却する。

4　訴訟費用は，第1事件についてはこれを10分し，その2を原告和光の，その余を被告白山の各負担とし，第2事件についてはこれを10分し，その8を原告白山の，その余を被告和光の各負担とする。

5　この判決は，第1項及び第2項に限り，仮に執行することができる。

事 実 及 び 理 由

第1　請求

1　第1事件

被告白山は，原告和光に対し，17万8000円及びこれに対する平成26年7月5日から支払済みまで年5分の割合による金員を支払え。

2　第2事件

被告和光は，原告白山に対し，29万7000円及びこれに対する平成26年7月5日から支払済みまで年5分の割合による金員を支払え。

第2　事案の概要

第1事件　民法709条に基づく損害賠償請求及び遅延損害金請求

第2事件　民法709条に基づく損害賠償請求及び遅延損害金請求

1　前提事実

(1)　交通事故（本件事故）の発生

ア　日時　平成26年7月5日午後2時30分頃

イ　場所　静岡県○○市○○4丁目5番6号の○○店1階駐車場（本件駐車場）

本件駐車場の概況は別紙図面のとおり

ウ　事故車

(ｱ)　原告和光所有・被告和光（原告和光の弟）運転の普通乗用自動車（和光車）

(ｲ)　原告白山所有・被告白山（原告白山の子）運転の普通乗用自動車（白

山車)

エ　事故態様

図面の本件通路を南から北に向けて走行中の和光車と，図面の②の駐車区画から発進して本件通路に左折進入した白山車が，図面の⊗地点付近で衝突した。衝突箇所は，和光車の左側面後部と白山車の右前部である。

(2) 被告白山の過失

被告白山は，本件通路に左折進入する際，右方確認をしなかった。

(3) 原告和光の損害

和光車の修理費用１６万２０００円（甲４）

2　争点

(1) 被告和光の過失（被告和光は白山車との衝突を回避できたか）及び過失割合

(2) 原告白山の損害

第３　争点に対する当裁判所の判断

1　争点(1)（被告和光の過失及び過失割合）について

(1) 証拠（被告和光本人）によれば，被告和光が白山車の発進に気付いた地点は，図面の横断歩道の手前であったと認められる。本件駐車場には制限速度を時速８ｋｍとする標識が掲示されていたのであるから（甲５），仮に被告和光がこれを遵守し，白山車に気付いた時点で停止措置を執っていれば，和光車は白山車の進路より手前で停止できたと認められる。よって，被告和光には過失がある。

(2) 被告白山と被告和光の過失の対比及び白山車は和光車の左側面後部に衝突したことからすると被告白山がわずかの注意を払えば本件事故は回避できたと認められることを考慮すると，過失割合は，被告白山が８割，被告和光が２割とするのが相当である。

2　争点(2)（原告白山の損害）について

原告白山の損害は，修理費用２７万円（乙３）と認められる。被告和光は，本件事故によって白山車は経済的全損になったと主張するが，本件全証拠によってもこれを認めるに足りない。

第４　結論

　　よって，認容額は次のとおりとなる。

1　第１事件　１４万２６００円（１６万２０００円の８割である１２万９６００円及び弁護士費用１万３０００円の合計額）

2　第２事件　６万円（２７万円の２割である５万４０００円及び弁護士費用６０００円の合計額）

　　○○簡易裁判所

　　　裁判官

別紙

駐車場事故状況図

（注）図面はイメージ図であり，実際の図面とは異なる。

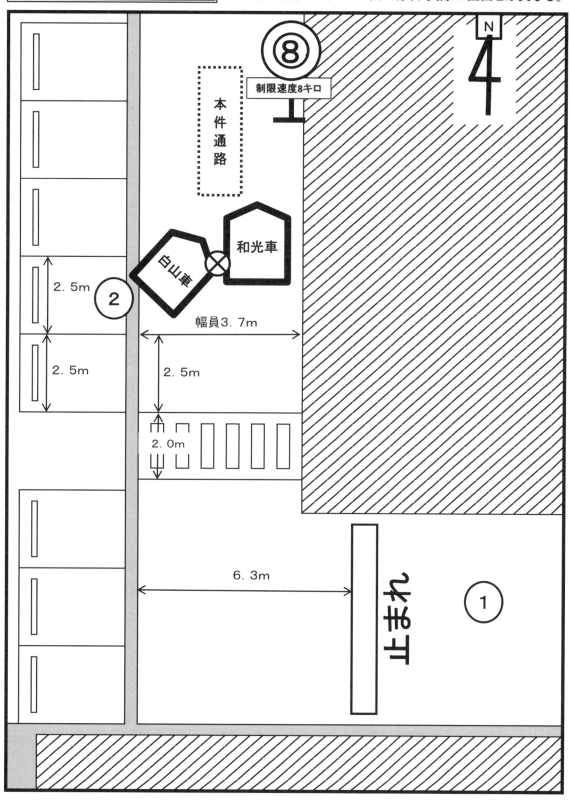

ケース3の説明

1 争点整理の過程
(1) 第1事件の実質的第1回口頭弁論期日の審理
ア 争点の確認
　　争点を確認したところ，原告和光代理人は和光車が通路を走行中に突然白山車が衝突してきた事故と述べ，被告白山代理人は白山車が通路へ進入しようとしたところ和光車が猛スピードで白山車の前をすり抜けようとした事故と述べた。よって，事故態様，被告白山の過失，被告和光の過失，過失割合全てが争点であった。また，被告白山代理人は原告和光の損害を否認したことから，原告和光の損害も争点であった。さらに，被告白山代理人は原告白山の損害について別訴を提起するとのことであった。

イ 基本書証及び必要書証の提出の促し
　　原告和光から，交通事故証明書（甲1），自動車検査証（甲2），和光車の損傷状況の写真（甲3）及び修理費の見積書（甲4）が提出されていたが，①事故現場の図面及び写真，②白山車の損傷状況の写真及び見積書が提出されていなかったため，①は原告和光に，②は被告白山に提出してもらうことにした。また，事故態様に争いがあったので，双方に事故状況を具体的に説明した陳述書の提出を求めた。

ウ 手続の選択と司法委員の活用の決定
　　争点整理は口頭弁論で行うことにした[89]。また，争点の内容を踏まえて，この段階から司法委員を活用することとし，次回期日から特定の司法委員を事件指定することとした。

(2) その後の審理
ア 別訴提起
　　第2事件が提起され，第1事件に併合した。

イ 書証の検討と判決書に添付する事故現場の図面の確定
　　新たに提出された原告和光の調査会社が作成した事故状況の図面（甲5），被告和光の陳述書（甲6），白山車の損傷状況の写真（乙2），修理費の見積書（乙3）及び被告白山の陳述書（乙4）を検討すると，事故態様は前記図面に記載されたとおりで概ね一致しており，大きな争いはないことが分かった。そこで，同図面を判決書に添付することについて双方の了承を得た。

ウ 心証開示と争点の整理
　　また，被告白山の陳述書を検討すると，被告白山は，本件通路に左折進入する際，右方確認をしておらず，衝突直前まで和光車の存在に気付いていないことが分かっ

---
[89] 弁論準備手続で行うことも考えられる。

た。そこで，被告白山代理人にその点を指摘すると，被告白山代理人が被告白山の過失は認めると述べたため，被告白山の過失は争点から外れた。他方，被告和光の過失は，被告和光代理人が白山車は突然通路に進入してきたから被告和光が事故を回避することはできなかったと述べたことから，争点として残った。

損害については，原告和光の損害（修理費）は，被告白山代理人が認否は不知だが，見積書（甲4）の信用性を積極的に争う予定はないと述べたため，争点から外れた。他方，原告白山の損害（修理費）は，被告和光代理人が白山車は本件事故によって経済的全損になったと主張したことから，争点として残った。

エ　ポイントになる事実の確認と人証調べの決定

被告和光の過失（結果回避可能性）を判断する上でポイントになる事実は，被告和光が白山車の発進に気付いた地点（あるいは気付けた地点）になることが代理人双方との間で確認された。しかし，被告和光の陳述書には，被告和光が白山車の発進に気付いた地点が記載されていなかった。そこで，被告和光代理人にその事実を明らかにしてほしいと求めたところ，被告和光代理人が人証（被告和光）調べで直接被告和光に確認してほしいと述べたため，人証調べを実施することにした。また，双方から被告白山の人証調べも実施してほしいとの要望があったため，実施することにした。

もう一つの争点である原告白山の損害は，白山車の本件事故時の価格が問題となるため，双方が時価に関する書証を提出することになった。

オ　被害者側に属する者の確認

なお，被告和光は原告和光の弟で，原告和光と別居していたため，被告和光が原告和光側に属する者といえるか気になった。しかし，原告和光代理人に確認したところ，仮に被告和光に過失が認められた場合，その過失を理由に過失相殺されることに異議はないと述べたので，口頭弁論期日調書にその旨記載した（「第2　裁判官が理解しておくべき事項　2　争点整理に関する事項　(1)」参照）。

2　争点に対する判断の過程

(1)　被告和光の過失

人証（被告和光）調べの結果，被告和光は，図面の横断歩道の手前で白山車の発進に気付いたが，白山車より先に本件通路を進行しようとして，加速して白山車の前を通過したことが分かった。そして，事故現場の道路状況及び本件駐車場には制限速度を時速8kmとする標識が掲示されていたこと（甲5）からすれば，仮に被告和光が上記制限速度を遵守し，白山車に気付いた時点で停止措置を執っていれば，和光車は白山車の進路より手前で停止できたと認められた。よって，被告和光の過失（結果回避可能性）は認められると判断した。

(2)　過失割合

本件事故は，通路進行車である和光車と駐車区画退出車である白山車の衝突事故であるから，緑の本の【335】の適否を検討した。その結果，被告和光の過失は，駐車区画退出車との衝突を回避することができるような速度と方法で通行する義務に違反したこと，被告白山の過失は，通路の安全を確認し，通路進行車の通行を妨げるおそれがある場合は通路への進入を控える義務に違反したことであり，ともに【335】が想定している過失類型にあてはまった。また，和光車が急制動の措置をとっても停止できない距離に近付いた段階で白山車が通路への進入を開始したとも認められなかった。よって，【335】によって過失割合を定めるのが相当と判断した。そうすると，基本割合は被告白山が7割，被告和光が3割となるが，白山車は和光車の左側面後部に衝突していることからすると，被告白山がわずかの注意を払えば本件事故は回避できたと認められ，被告白山の過失は著しいと思われた。そこで，過失割合は被告白山8割，被告和光2割と判断した。

(3) 原告白山の損害

被告和光から提出されたインターネット上での中古車価格情報（甲7）によれば，白山車と同一の車種・年式・型，同程度の走行距離の車両には価格20万円のものがあると認められた。しかし，原告白山から提出されたインターネット上での中古車価格情報（乙5）によれば，白山車と同一の車種・年式・型，同程度の走行距離の車両には価格30万円ないし40万円のものもあると認められた。よって，本件全証拠によっても白山車が本件事故によって経済的全損になったとは認められないと判断した。

3　判決書の記載
(1) 争点の記載

争点整理の結果，争点は，**被告和光の過失**，**過失割合**及び**原告白山の損害**に絞られたことから，そのように記載した。そして，被告和光の過失で争われていたのは被告和光が白山車との衝突を回避できたかであったから，分かりやすくするためにその事実を括弧書で記載した。

(2) 当裁判所の判断の記載
ア　被告和光の過失及び過失割合

当裁判所の判断には，まず被告和光の過失を判断するために必要な認定事実を記載し，被告和光の過失（結果回避可能性）に対する判断を記載した。認定事実に反する証拠はなかったため記載しなかった。過失割合に対する判断は，緑の本に記載されている事故態様であったことから，双方の過失の対比及び修正要素を記載した。

イ　原告白山の損害

原告白山の損害に対する判断も理由を簡潔に記載した。

【ケース4】

同一方向進行車両同士の接触事故で，事故態様が中心的争点になり，車の損傷状況から事故態様が認定できたケース

平成○○年○月○日判決言渡　同日原本領収　裁判所書記官

平成○○年(ハ)第○○○○号　損害賠償（交通）請求事件（第1事件）

平成○○年(ハ)第○○○○号　損害賠償（交通）請求事件（第2事件）

平成○○年(ハ)第○○○○号　求償金請求事件（第3事件）

口頭弁論終結日　平成○○年○月○日

判　　　決

埼玉県○○市○○1丁目2番3号

　　第1事件原告　　　　　　　　佐　藤　太　郎

　　　　　　　　　　　　　　（以下「原告佐藤」という。）

埼玉県○○市○○2丁目3番4号

　　第2事件被告　　　　　　　　佐　藤　一　郎

　　　　　　　　　　　　　　（以下「被告佐藤」という。）

東京都○○区○○3丁目4番95

　　第3事件原告　　　　　　　　○○損害保険株式会社

　　　　　　　　　　　　　　（以下「原告保険会社」という。）

　　同代表者代表取締役　　　　　○　　○　　○　　○

　　上記3名訴訟代理人弁護士　　○　　○　　○　　○

神奈川県○○市○○4丁目5番6号

　　第1及び第3事件被告並びに第2事件原告

　　　　　　　　　　　　　　　鈴　木　勝　彦

　　　　　　　　　　　　　　（以下「原告鈴木」という。）

　　同訴訟代理人弁護士　　　　　○　　○　　○　　○

主　　　文

1　原告鈴木は，原告佐藤に対し，4万6200円及びこれに対する平成25年12月5日から支払済みまで年5分の割合による金員を支払え。

2　原告鈴木は，原告保険会社に対し，28万0886円及びこれに対する平成

２６年５月２２日から支払済みまで年５分の割合による金員を支払え。
3　原告佐藤のその余の請求及び原告鈴木の請求をいずれも棄却する。
4　訴訟費用は，第１ないし第３事件を通じて原告鈴木の負担とする。
5　この判決は，１項及び２項に限り，仮に執行することができる。

事 実 及 び 理 由

第１　請求
1　第１事件
　　原告鈴木は，原告佐藤に対し，９万２４００円及びこれに対する平成２５年１２月５日から支払済みまで年５分の割合による金員を支払え。
2　第２事件
　　被告佐藤は，原告鈴木に対し，１５万２８９８円及びこれに対する平成２５年１２月５日から支払済みまで年５分の割合による金員を支払え。
3　第３事件
　　主文２項と同旨
第２　事案の概要
　　民法７０９条に基づく損害賠償請求及び遅延損害金請求（第１事件）
　　民法７０９条に基づく損害賠償請求及び遅延損害金請求（第２事件）
　　民法７０９条に基づく損害賠償請求（保険代位）及び遅延損害金請求（起算日は保険金支払日の翌日）（第３事件）
1　前提事実
（1）次の交通事故（本件事故）が発生した。
　ア　日　　時　平成２５年１２月５日午前９時５分頃
　イ　場　　所　東京都○○区○○２丁目３番４号の道路（本件道路）
　　　　　　　　本件道路の状況は別紙図面１のとおり
　ウ　関係車両　原告佐藤が所有し被告佐藤が運転する普通乗用自動車（佐藤車）

原告鈴木が所有し運転する普通乗用自動車（鈴木車）

エ　事故態様　同一方向に走行していた佐藤車と鈴木車が接触した。接触箇所は佐藤車の右前部と鈴木車の左後部である。佐藤車は右フロントのバンパー，フェンダー及びホイール（甲3，4），鈴木車は左のリアドア及びクオーターパネル（乙1，2）をそれぞれ損傷した。

(2) 佐藤車の修理費用は28万0886円である（甲4）。

(3) 原告保険会社は，平成26年5月21日までに，原告佐藤との保険契約に基づき，同人に対し(2)の修理費用を支払った（甲6）。

(4) 鈴木車の修理費用は13万8999円である（乙1）。

4　争点

(1) 事故態様（いずれが進路変更したか），原告鈴木の過失及び被告佐藤の過失

原告佐藤，被告佐藤及び原告保険会社は，鈴木車が第4車線から第3車線へ進路変更したことによる事故と主張し（別紙図面2），原告鈴木は，佐藤車が第2車線から第3車線へ進路変更したことによる事故と主張している（別紙図面3）。

(2) 佐藤車の評価損

第3　争点に対する判断

1　事故態様

(1) 証拠（甲3，7ないし9，乙3，被告佐藤本人，原告鈴木本人）及び弁論の全趣旨を総合すれば，事故態様は次のとおりと認められる。

第4車線を走行していた鈴木車は，同車線が右折専用であることに気付き，第3車線に進路変更しようとした。鈴木車は，速度を上げ，合図も出さずに，第3車線を走行していた佐藤車の前に割り込むように進路変更し，その際，鈴木車の左後部が佐藤車の右前部に接触した。

(2) 原告鈴木は原告鈴木の主張のとおり供述するが、次の理由により信用できない。

　証拠（甲3，7）によれば、佐藤車の右フロントフェンダーの傷は前に向かって線から面に広がっているから、後ろから前に向かって傷ができたと推認され、接触時の速度は鈴木車の方が佐藤車より速かったと認められる。原告鈴木の供述はこれと整合せず、信用できない。

2　原告鈴木の過失及び被告佐藤の過失

　1の事故態様によれば、原告鈴木に過失があることは明らかである。他方、本件全証拠によっても被告佐藤に過失があったとは認められない。

3　争点(2)（佐藤車の評価損）

　佐藤車の損傷は車両の骨格部分に及んでいないが（争いがない。）、佐藤車は平成23年10月18日に初度登録したBMWのM3セダンで（甲2）、事故当時の走行距離は約1万キロメートルであること（甲4）を考慮すると、4万2000円の評価損が発生したと認めるのが相当である。

第4　結論

　よって、各事件の認容額は次のとおりとなる。

1　第1事件　佐藤車の評価損4万2000円に弁護士費用4200円を加えた4万6200円

2　第2事件　0円

3　第3事件　代位弁済額28万0886円

　　○○簡易裁判所

　　　　裁判官

別紙

図面1

(注)図面はイメージ図であり，実際の図面とは異なる。

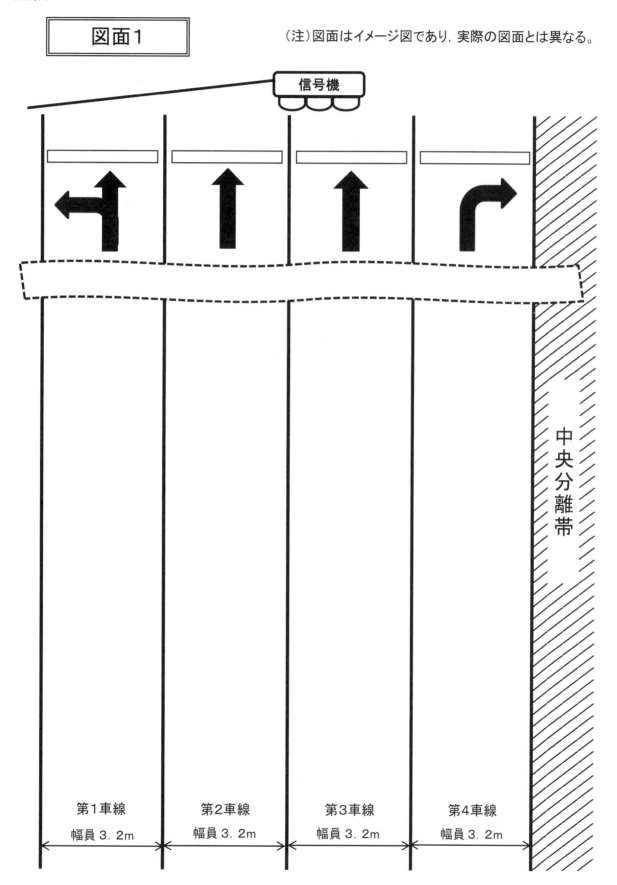

別紙

図面2

（注）図面はイメージ図であり，実際の図面とは異なる。

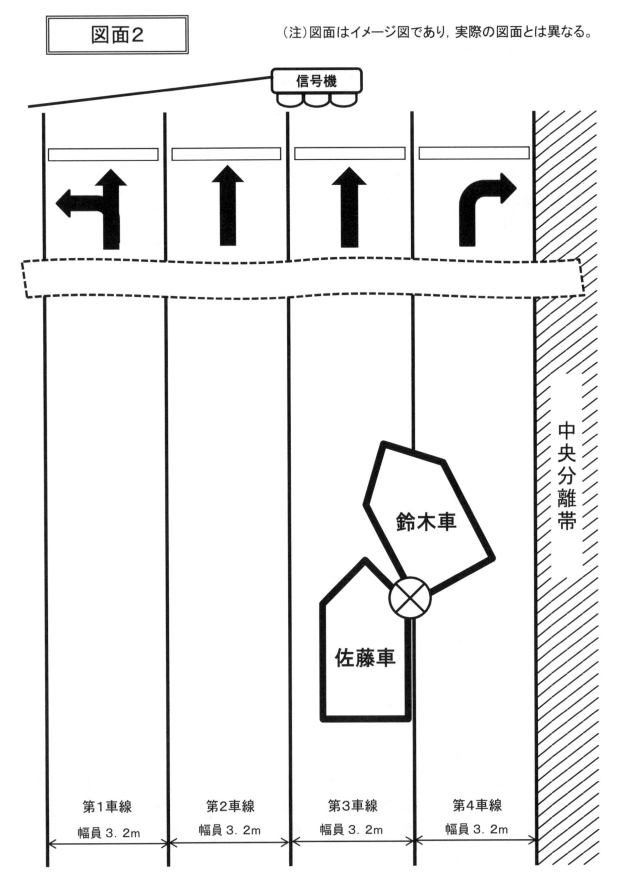

別紙

図面3

(注)図面はイメージ図であり，実際の図面とは異なる。

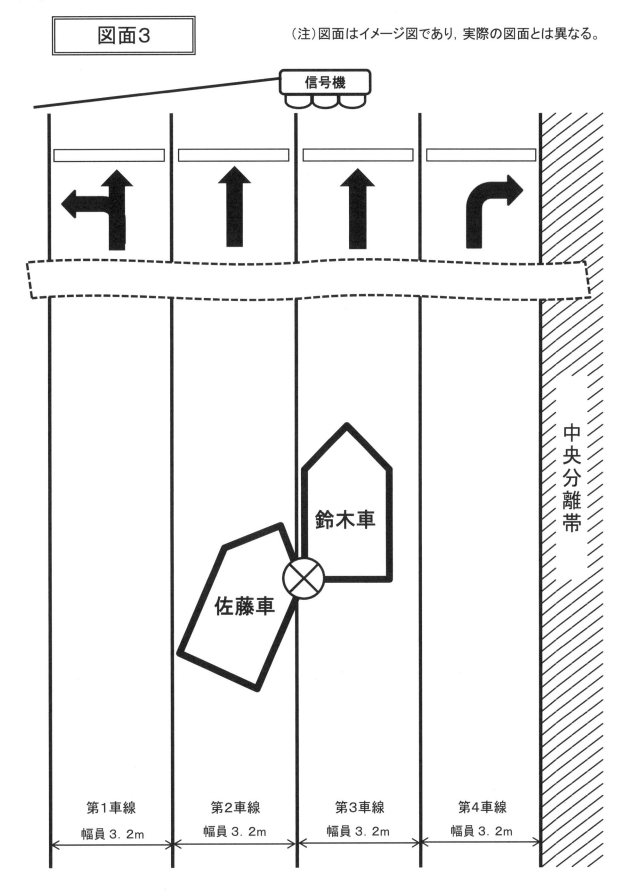

ケース4の説明

1 争点整理の経過
(1) 第1事件の実質的第1回口頭弁論期日
ア 反訴・別訴提起予定の確認と早期の訴え提起の促し
双方に反訴・別訴提起の予定の有無を確認したところ，原告佐藤に保険金を支払った原告保険会社が別訴（第3事件）を提起し，原告鈴木（以下「鈴木」という。）が鈴木の損害について別訴（第2事件）を提起する予定とのことであったため，早期の訴え提起を促した。

イ 争点の確認
争点を確認したところ，双方が主張する事故態様に大きな違いがあり，鈴木の過失及び被告佐藤の過失が争点になるとのことであった。また，原告佐藤の評価損も争点になるとのことであった。

ウ 基本書証の提出の促し
原告佐藤から，交通事故証明書（甲1），自動車検査証（甲2），佐藤車の損傷状況のカラー写真（甲3），修理費の見積書（甲4）及び物件事故報告書（甲5）が提出され，鈴木から，鈴木車の修理見積書（乙1）及び鈴木車の損傷状況のカラー写真（乙2）が提出されていたが，事故現場の図面及び写真が提出されていなかったため，双方に提出を促した。

エ 手続の選択と司法委員の活用の決定
争点整理は弁論準備手続で行うことにした[90]。また，争点の内容を踏まえて，この段階から司法委員を活用することとし，次回期日から特定の司法委員を事件指定することとした[91]。

(2) その後の審理
ア 別訴提起と必要書証の提出
第2事件及び第3事件が提起され，第1事件に併合した。

原告佐藤，被告佐藤及び原告保険会社（以下「佐藤ら」という。）から，原告保険会社が原告佐藤に修理費用を支払ったことを証する書面（甲6），アジャスター作成の佐藤車の損傷状況及び入力方向等を分析した調査報告書（甲7），事故現場の写真（甲8）及び被告佐藤が主張する事故態様が記載された図面が添付された被告佐藤の陳述書（甲9）が提出され，鈴木から，事故現場の写真（乙3），事故現場の図面（乙4）及び鈴木が主張する事故態様が記載された図面が添付された鈴木の陳述書（乙5）が提出された。

---

[90] 口頭弁論で行うことも考えられる。
[91] アジャスターの司法委員の活用が考えられるが，これにこだわる必要がないことはケース1と同様である。

イ　判決書に添付する事故現場の図面の確定

　鈴木が提出した事故現場の図面（鈴木の調査会社が作成）を佐藤ら代理人に確認してもらったところ，概ね正確とのことであったため，同図面を判決書に添付することにした。

ウ　事故態様の主張の確認と物件事故報告書の信用性

　被告佐藤の陳述書（甲9）及び鈴木の陳述書（乙5）に添付された図面によれば，佐藤車と鈴木車のどちらが進路変更したかだけでなく，佐藤車と鈴木車が走行していた車線にも争いがあった。

　佐藤らは，佐藤車の右フロントフェンダーの傷が後ろから前に向かって線から面に広がっている状況が認められる写真（甲3）及び損傷状況と入力方向の分析結果を記載したアジャスター作成の調査報告書（甲7）から，鈴木車が佐藤車より速い速度で佐藤車に接触した事故であると主張していた。また，物件事故報告書（甲5）には鈴木車が進路変更した旨が記載されており，このことからも鈴木車が進路変更した事故であると主張していた。

　これに対し，鈴木は，鈴木車が第3車線を走行中，第2車線を走行していた佐藤車が，鈴木車の左後方から佐藤車に接触した事故であると主張しており，現に物件事故報告書（甲5）には，鈴木車が第3車線を走行，佐藤車が第2車線を走行と記載されていると主張していた。

　確かに，物件事故報告書には鈴木が主張するとおり，鈴木車が第3車線，佐藤車が第2車線をそれぞれ走行していた旨が記載されていた。しかし，物件事故報告書には進路変更したのは鈴木車と記載されていたため，鈴木代理人にその点を確認すると，鈴木代理人は警察官が誤って進路変更車を鈴木車と記載したと思われると主張した。これに対し，佐藤ら代理人は警察官が進路変更車を誤って記載することなど考えられず，鈴木車と佐藤車の走行車線の記載が誤っているにすぎないと反論した。

エ　事故態様の検討（動かし難い事実と当事者の陳述の整合性の検討）

　このように物件事故報告書の記載をめぐって争いがあったため，その記載を理由に事故態様を認定することはできないと考えた。そこで，事故現場の道路状況や車の損傷状況から事故態様を検討することにした。

　事故現場の道路状況では，第2及び3車線は直進車線，第4車線は右折車線であることがポイントと思えた。双方の陳述書によれば，佐藤車・鈴木車ともに直進予定であったから，進路変更するとすれば第4車線を走行していた鈴木車と思われ，佐藤らの主張が事故現場の道路状況に合致すると思えた。しかし，鈴木車が第4車線を走行していたことを裏付ける証拠はなく（むしろ，前記のとおり，物件事故報告書には鈴木車が第3車線を走行と記載されていた。），鈴木の主張する事故態様があり得ないとは断定できなかった。したがって，事故現場の道路状況は決め手にならないと思われた。

次に車の損傷状況を検討した。まず，佐藤車の損傷状況のカラー写真（甲3）を見ると，確かに佐藤車の右フロントフェンダーの傷が後ろから前に向かって線から面に広がっている状況が認められた。そして，アジャスター作成の調査報告書（甲7）には，その傷は後ろから前に向かってついたと考えられること，その結果，接触時の速度は鈴木車の方が佐藤車より速かったと推認されることが分かりやすく記載されており，佐藤らの第1準備書面にも同じことが分かりやすく記載されていた。そこで，鈴木代理人に対し，甲7及び佐藤らの第1準備書面に対して反論してほしいと伝えた。

その後，鈴木代理人から反論の準備書面が提出された。しかし，甲7及び佐藤らの第1準備書面を上回る説得力はなく，事故態様は佐藤らが主張するとおりとの暫定的心証を形成した。

オ　人証調べの決定

双方から人証（被告佐藤本人，鈴木本人）調べの申請があったため，暫定的心証が正しいことを確認するため，人証調べを実施した。

2　争点に対する判断の過程

(1)　事故態様

人証調べの結果，被告佐藤本人の供述に不自然・不合理な点は認められなかったが，鈴木本人の供述には不自然・不合理な点が認められた。よって，暫定的心証が正しいことが確認できた。

(2)　鈴木の過失及び被告佐藤の過失

認定した事故態様によれば，鈴木に過失があることは明らかであり，問題は被告佐藤の過失であった。事故態様だけを見れば，本件事故には緑の本【153】が適用されるから，合図なしによる修正をしても，被告佐藤に10パーセントの過失があることになった。しかし，【153】は，あらかじめ前方にいた車両が進路変更する場合を想定しており，後続直進車に軽度の前方不注視があったことが前提となっていた。ところが，認定した事故態様によれば，被告佐藤が鈴木車の進路変更により早く気付くことができたとは認め難く，被告佐藤に前方不注視の過失を認めるのは困難と思われた。また，被告佐藤が本件事故を回避することも困難と思われた。よって，被告佐藤の過失を認めることはできないと判断した。

3　判決書の記載

(1)　争点の記載

争点は，**事故態様，鈴木の過失，被告佐藤の過失**及び**佐藤車の評価損**であったことから，そのように記載した。そして，事故態様で争われていたのは鈴木車と佐藤車のいずれが進路変更したかであったから，分かりやすくするためにその事実を括弧書で

記載した。また，本件では，当事者が主張する事故態様が記載された図面が提出されていたことから，これを添付するのが分かりやすいと思い，図面を引用して当事者の主張を記載した。

(2) 当裁判所の判断の記載
ア　事故態様
　　当裁判所の判断には，まず認定した事故態様を記載した。次に認定事実に反する証拠で重要な鈴木の供述を排斥する理由を記載した。その理由は鈴木の供述が佐藤車の損傷状況と整合しないことである。被告佐藤の供述が信用できる理由（佐藤車の損傷状況と整合すること）の記載は省略した。なお，認定事実に反する証拠には他に物件事故報告書があるが（同報告書に記載されている走行車線が認定事実に反する。），同報告書には鈴木車が進路変更した旨も記載されているから，認定事実に反する証拠とはいい難いと考え，判決書には記載しなかった。また，鈴木の供述の排斥理由に物件事故報告書を記載することも考えたが，本件の決め手は佐藤車の損傷状況であり，物件事故報告書の記載ではなかったことから，その記載も省略した。

イ　鈴木の過失及び被告佐藤の過失
　　鈴木の過失に対する判断は，認定した事故態様からすれば認められることが明らかであるから，結論だけを記載した。
　　被告佐藤の過失に対する判断は，認定した事故態様からすれば過失はないと積極的に認定・判断することも考えられた。しかし，被告佐藤の過失については鈴木が立証責任を負うから，被告佐藤に過失がないことを積極的に認定・判断する必要はないと考え，「本件全証拠によっても被告佐藤に過失があったとは認められない。」と記載した。

ウ　佐藤車の評価損
　　佐藤車の評価損に対する判断も理由を簡潔に記載した。

【ケース5】

　同一方向進行車両同士の衝突事故で，事故態様が中心的争点になり，車の損傷状況だけでは事故態様が認定できず，それ以外の動かし難い事実から事故態様を認定したケース

平成○○年○月○日判決言渡　同日原本領収　裁判所書記官
平成○○年(ハ)第○○○○号　損害賠償請求事件（本訴）
平成○○年(ハ)第○○○○号　損害賠償請求事件（反訴）
口頭弁論終結日　平成○○年○月○日

判　　決

大阪市○○区○○1丁目2番3号
　　　本訴原告・反訴被告　　　高　崎　　　聡
　　　　　　　　　　　　　　　（以下「原告高崎」という。）

大阪市○○区○○2丁目3番4号
　　　本　訴　原　告　　　　　○○損害保険株式会社
　　　　　　　　　　　　　　　（以下「原告保険会社」といい，原告高崎と併せて以下「原告ら」という。）
　　　同代表者代表取締役　　　○　　○　　○　　○
　　　上記2名訴訟代理人弁護士　○　　○　　○　　○

大阪市○○区○○3丁目4番5号
　　　本　訴　被　告　　　　　山　本　誠　次
　　　　　　　　　　　　　　　（以下「被告山本」という。）

大阪市○○区○○4丁目5番6号
　　　本訴被告・反訴原告　　　石上木材株式会社
　　　　　　　　　　　　　　　（以下「被告会社」といい，被告山本と併せて以下「被告ら」という。）
　　　同代表者代表取締役　　　○　　○　　○　　○
　　　上記2名訴訟代理人弁護士　○　　○　　○　　○

主　　　　文

1　被告らは，原告高崎に対し，連帯して１１万円及びこれに対する平成２６年２月１日から支払済みまで年５分の割合による金員を支払え。

2　被告らは，原告保険会社に対し，連帯して３４万９２８０円及びこれに対する平成２６年７月１１日から支払済みまで年５分の割合による金員を支払え。

3　原告高崎は，被告会社に対し，９万７２００円及びこれに対する平成２６年２月１日から支払済みまで年５分の割合による金員を支払え。

4　原告保険会社及び被告会社のその余の請求をいずれも棄却する。

5　訴訟費用は，本訴・反訴を通じてこれを１０分し，その２を原告らの，その余を被告らの各負担とする[92]。

6　この判決は，第１項ないし第３項に限り，仮に執行することができる。

事　実　及　び　理　由

第１　請求

1　本訴

(1)　主文１項と同旨

(2)　被告らは，原告保険会社に対し，連帯して４６万１６００円及びこれに対する平成２６年７月１１日から支払済みまで年５分の割合による金員を支払え。

2　反訴

原告高崎は，被告会社に対し，４８万６０００円及びこれに対する平成２６年２月１日から支払済みまで年５分の割合による金員を支払え。

第２　事案の概要

（本訴）

原告高崎の請求は，民法７０９条及び同法７１５条に基づく損害賠償請求及

---

[92] 10訂民事判決起案の手引ｐ25のａのように記載することも考えられるが，分かりやすさを重視してこのように記載することも考えられる。

び遅延損害金請求

原告保険会社の請求は，民法７０９条及び同法７１５条に基づく損害賠償請求（保険代位）及び保険金支払日の翌日からの遅延損害金請求

（反訴）

民法７０９条に基づく損害賠償請求及び遅延損害金請求

1 前提事実

(1) 交通事故（本件事故）の発生

　ア　日時　平成２６年２月１日午後２時５分頃

　イ　場所　大阪市○○区○○５丁目６番７号

　　　　　　現場の状況は別紙１のとおり

　ウ　事故車

　　(ｱ)　原告高崎が所有し運転する普通乗用自動車（原告車）

　　(ｲ)　被告会社が所有し被告山本（被告会社の従業員）が運転する普通乗用自動車（被告車）

　エ　事故態様

　　　原告車と被告車は同一方向に進行していたところ，片側２車線の道路の右側車線（第２車線）内で，原告車の左ドアミラーと被告車の右リアドア等が接触・損傷した。

(2) 原告高崎の損害等

　原告車の修理費用は５６万１６００円（甲４）

　原告保険会社は，原告高崎に対し，平成２６年７月１０日，本件事故の保険金として上記修理費用のうち４６万１６００円（免責金額１０万円を控除した額）を支払った（甲８）。

(3) 被告会社の損害

　被告車の修理費用は４８万６０００円（乙２）

2 争点

事故態様，被告山本の過失，原告高崎の過失及び過失割合

(1) 原告らの主張

　原告車が右側車線を走行中，左側車線（第1車線）を走行していた被告車が突然原告車の左側後方から原告車を追い越すように右側車線に進路変更してきて原告車に接触した（別紙2）。

(2) 被告らの主張

　被告車が右側車線の左寄りを走行中，原告車が被告車の右側に追い抜くスペースがないにもかかわらず，被告車を追い抜こうとして被告車に接触した（別紙3）。

第3　当裁判所の判断

1　事故態様

(1) 証拠及び弁論の全趣旨によれば，事故態様は次のとおりと認められる。

　ア　被告車は，左側車線を走行し，左側車線の駐車車両（トラック）を避けるため右に進路変更したところ，右側車線を後方から走行してきた原告車に接触した（甲5，弁論の全趣旨）。被告山本は，接触直前まで，原告車に気付かなかった（被告山本本人）。

　イ　原告車は，左前方を走行中の被告車を追い抜こうとしていたところ（弁論の全趣旨），被告車が右に進路変更してきたことから，被告車との接触を避けるため右に寄った（原告高崎本人，弁論の全趣旨）。しかし，被告車がさらに右に寄ってきたことから，中央分離帯への接触を避けるためハンドルを左に切り，被告車に接触した（原告高崎本人）。原告車は，被告車が右に進路変更してきた後も減速せずに被告車を追い抜こうとしていた（原告高崎本人，弁論の全趣旨）。

(2) 被告山本は，右側車線の左寄りを直進しており，右に進路変更していないと供述する。しかし，①警察官が被告山本と原告高崎双方から事情を聴いて作成した物件事故報告書には，被告車が駐車車両（トラック）を避けるため

右側に車線変更したところ原告車と接触したと記載されていること（甲5），②被告山本の供述によると，原告車は被告車を追い抜く十分なスペースがないにもかかわらず被告車を追い抜こうとしたことになり不自然であることに照らし，採用できない。

原告高崎は，原告車は被告車を追い抜こうとしておらず，被告車が原告車を追い抜こうとしていたと供述する。しかし，①被告車が原告車を追い抜こうとして原告車の左ドアミラーと接触したのであれば，被告車の右側前方に損傷が生じるのが自然であるのに，被告車の損傷は右側後方に生じていること（乙1），②原告高崎は被告車が右に寄ってきたことを直接目視したのであるから（原告高崎本人），被告車は原告車より先行していたと考えられることに照らし，採用できない。

2 被告山本の過失，原告高崎の過失及び過失割合

(1) 1の事故態様によれば，被告山本には右後方を確認せずに右に進路変更した過失があり，原告高崎には被告車が右に進路変更してきたのに減速せずに被告車を追い抜こうとした過失がある。

(2) 被告山本及び原告高崎の過失の対比，被告山本は進路変更の合図をしなかったこと（原告高崎本人，被告山本本人），原告高崎は被告車の進路変更を直接目視したにもかかわらず，減速せずに被告車を追い抜こうとしたことを総合考慮すると，過失割合は，原告高崎が2割，被告山本が8割とするのが相当である。

第4 結論

よって，認容額は次のとおりとなる[93]。

1 原告高崎の請求　11万円（免責金額10万円及び弁護士費用1万円）

---

[93] 保険法25条により，原告保険会社が代位できるのは，原告高崎の損害賠償請求権44万9280円（56万1600円の8割）からてん補不足額（免責金額）10万円を控除した34万9280円となり，てん補不足額（免責金額）10万円の損害賠償は原告高崎が請求できることに注意する必要がある。

2　原告保険会社の請求　３４万９２８０円（５６万１６００円の８割から
　　　　　　　　　　　　　１０万円を控除した額）
3　被告会社の請求　９万７２００円（４８万６０００円の２割）
　○○簡易裁判所
　　　裁判官

別紙1

交通事故現場見取図

（注）図面はイメージ図であり，実際の図面とは異なる。

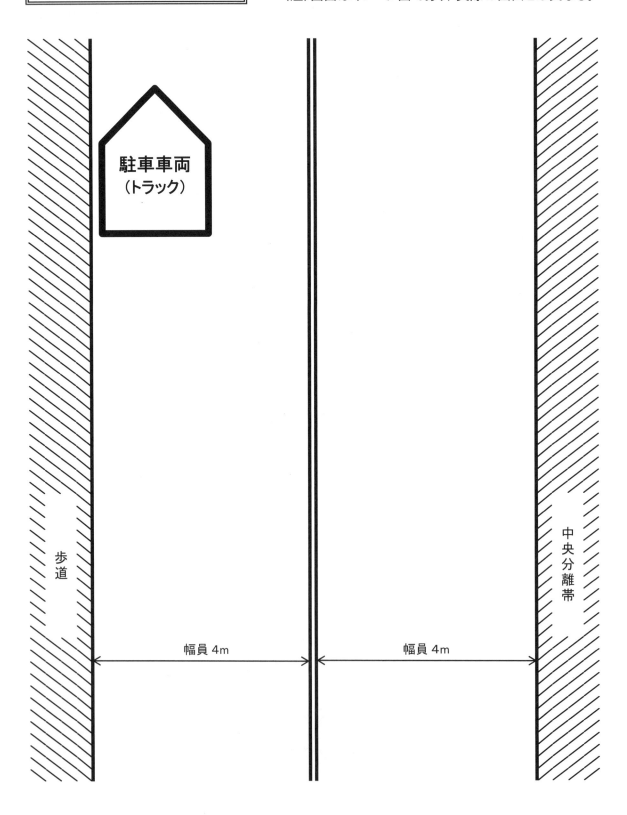

別紙2

交通事故態様図
（作成者：原告ら代理人）

（注）図面はイメージ図であり，実際の図面とは異なる。

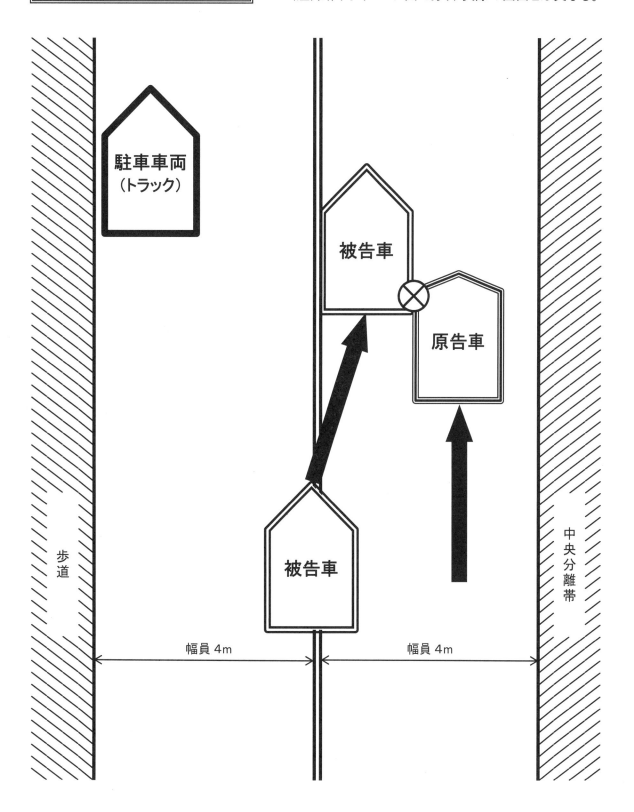

別紙3

交通事故態様図（作成者：被告ら代理人）

（注）図面はイメージ図であり、実際の図面とは異なる。

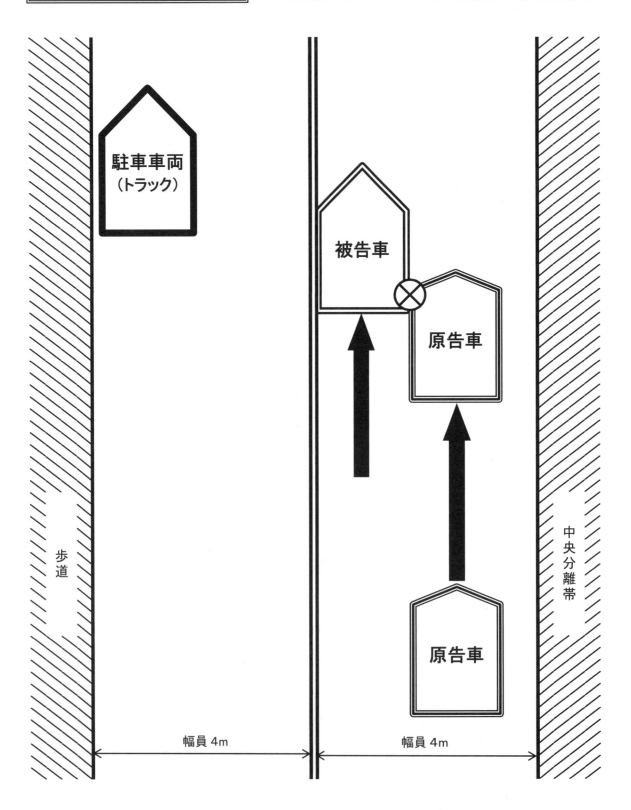

ケース5の説明

1 争点整理の過程
(1) 本訴の実質的第1回口頭弁論期日の審理
ア 反訴・別訴提起予定の確認
被告ら代理人に反訴・別訴提起の予定の有無を確認したところ，事前に書記官が被告ら代理人から聴取していたとおり，和解は困難な事件と考えているので，被告会社の損害について速やかに反訴を提起するとのことであった。

イ 争点の確認
双方に争点を確認したところ，双方が主張する事故態様に大きな違いがあり，被告山本の過失，原告高崎の過失及び過失割合が争点になるとのことであった。しかし，損害（修理費）については協定が成立しており争いがないとのことであった。

ウ 事故現場の図面の正確性の確認
原告らから，交通事故証明書（甲1），自動車検査証（甲2），原告車の損傷状況の写真（甲3），修理費の見積書（甲4），物件事故報告書（甲5），事故現場の図面（甲6）及び写真（甲7）等が提出され，被告らから，被告車の損傷状況の写真（乙1）及び修理費の見積書（乙2）が提出されていた。被告ら代理人に事故現場の図面の正確性を確認すると，次回期日までに確認するとのことであった。

エ 立証予定の確認と陳述書の作成時期の確認
双方に事故態様の立証予定を確認したところ，被告らがアジャスターの報告書の提出を検討しているとのことであった。人証調べ申出の予定の有無も確認したところ，双方とも運転者（被告山本及び原告高崎）の人証調べが必要になると述べたため，陳述書の提出を促すことにしたが，陳述書は，被告ら代理人が事故現場の図面（甲6）の正確性を確認した後に同図面を利用して作成してもらうのがよいと考え，次々回期日以降に提出してもらうことにした。

オ 手続の選択と司法委員の活用の決定
争点整理は弁論準備手続で行うことにした[94]。また，争点の内容を踏まえて，この段階から司法委員を活用することとし，次回期日から特定の司法委員を事件指定することとした[95]。

(2) その後の審理
ア 反訴提起
反訴が提起された。

イ 判決書に添付する事故現場の図面の確定と同図面を利用した陳述書の作成

---

[94] 口頭弁論で行うことも考えられる。
[95] アジャスターの司法委員の活用が考えられるが，これにこだわる必要がないことはケース1と同様である。

被告ら代理人が事故現場の図面（甲6）は概ね正確と述べたため，同図面を判決書に添付することにした（別紙1）。その上で双方に同図面を利用して事故態様に関する陳述書を作成してほしいと要望した。また，被告らからアジャスターの報告書が提出された（乙3）。

その後，原告らから原告高崎の陳述書（甲9），被告らから被告山本の陳述書（乙4）が提出された。各陳述書に添付された図面（別紙2及び3）は当事者が主張する事故態様が分かりやすく記載されており，判決書に添付することにした。

ウ　動かし難い事実の確認と争いのある事実の確認

この時点までに提出された証拠を検討すると，原告車の左ドアミラーと被告車の右リアドア等が右側車線内で接触したと思われたため，双方にその旨伝えたところ，双方とも異論はないと述べた。しかし，原告らは，被告車が突然原告車の左側後方から原告車を追い越すように右側車線に進路変更してきて原告車に接触した事故と主張し，被告らは，被告車が右側車線の左寄りを走行中，原告車が被告車の右側に追い抜くスペースがないにもかかわらず，被告車を追い抜こうとして被告車に接触した事故と主張していたことから，争いのある事実は，①被告車が右に進路変更したかどうか，②原告車が被告車を追い抜こうとしていたかの2点であると思われた。

エ　事故態様の検討（動かし難い事実と当事者の陳述の整合性の検討）

そこで，この時点で動かし難い事実から①及び②が認定できるかどうか検討した。

①については，警察官が被告山本及び原告高崎双方から事情を聴いて作成した物件事故報告書に「被告車が駐車車両（トラック）を避けるために右側に車線変更したところ原告車と接触した」と記載されていることが重要と思われた。被告らは，物件事故報告書は警察官が被告山本の言い分を聴かずに作成したと主張していたが，それをうかがわせる間接事実や証拠はなく，むしろ，本件事故当時，左側車線に駐車車両（トラック）が存在していたことに争いはなかったことから，物件事故報告書の信用性は肯定できると思われた。また，被告車が右に進路変更していないとすると，原告車は当初から被告車を追い抜くスペースがなかったにもかかわらず被告車を追い抜こうとしたことになり不自然であると思われた。よって，①は認定できるのではないかとの暫定的心証を形成した。

②については，被告らから提出されたアジャスターの報告書（乙3）には，被告車の損傷状況（乙1）からすると，被告車の傷は後ろから前についたと考えられるから，原告車は被告車を追い抜こうとしていたと推認されると記載されていた。しかし，被告車の傷は後ろから前についたと考えられるとの同報告書の記載は根拠が分かりにくく，原告ら代理人も同様の指摘をしていたことから，同報告書の信用性は慎重に検討する必要があると思われた。なお，原告ら代理人は，被告車の損傷状況（乙1）からすると，被告車の傷は前から後ろについたと推認されると主張していたが，その主張を裏付ける証拠は提出されていなかった。このようなことから，アジャスターの報告書及び原告ら代理人の主張に頼らずに事故態様を検討すること

にした。その結果，⑦原告らが主張するように，被告車が突然原告車の左側後方から原告車を追い越すように右側車線に進路変更してきたとすれば，被告車の右側前方に損傷が生じるのが自然であるのに，被告車の損傷は右側後方に生じていること（乙1），①前記のとおり，被告車は駐車車両を避けるため右に進路変更したのではないかとの暫定的心証を形成したところ，被告車が右に進路変更する前，被告車の右側には被告車を追い抜くスペースがあったことから原告車が被告車を追い抜こうとしたが，その後，被告車が右に進路変更してきたことから，被告車と原告車が接触した事故と考えるのが自然と思われたこと，⑨原告らが主張する事故態様は，被告車が先行していた原告車に自ら接触したことになり不自然であること，から，最終的には②も認定できるのではないかと思われた。

オ　ポイントになる事実の確認と人証調べの決定

もっとも，双方とも人証調べを強く希望しており，和解も人証調べ後でないと難しいと述べたことから，事故態様の認定のポイントは前記①及び②であることを双方と確認した上，人証調べを実施した。

2　争点に対する判断の過程

(1)　事故態様

人証調べの結果，①及び②とも暫定的心証が正しいことを確認できた。特に②は，反対尋問で被告ら代理人が原告高崎に原告車と被告車の位置関係を具体的に質問していくと，原告高崎が，「被告車は原告車より先行していた。その後，原告車が被告車を追い抜いたことはない。」「被告車が右に寄ってきたのを直接目視したため，被告車との接触を避けるため右に寄った。しかし，被告車がさらに右に寄ってきたので，中央分離帯への接触を避けるためにハンドルを左に切った。」「ハンドルを左に切るまで減速措置を講じたことはなかった。」と述べたことから（原告高崎のこれらの供述は，他の動かし難い事実と整合しており，信用できると思われた。），原告車が左側車線を走行する被告車を追い抜こうとしたが，被告車が徐々に右に進路変更してきたことから被告車と原告車が接触した事故であるとの確定的心証を形成した。

(2)　被告山本の過失，原告高崎の過失及び過失割合

本件事故は，進路変更車である被告車と後続直進車である原告車の接触事故であるところ，被告山本の過失は，進路変更すれば原告車の速度又は方向を急に変更させるおそれがあるにもかかわらず，原告車の動静を確認せず，かつ，進路変更の合図をせずに進路変更したことにあり，他方，原告高崎の過失は，被告車が進路変更するのを後方から直接目視しており，減速措置を講じることができたにもかかわらず，減速措置を講じることなく被告車を追い抜こうとしたことにあるから，緑の本の【153】が想定している事故態様に近いと思われた。そして，【153】によれば，基本割合は被告山本が7割，原告高崎が3割となり，被告山本の合図なしが修正要素となるから，過

失割合は被告山本が9割，原告高崎が1割となるが，原告高崎は被告車の進路変更を後方から直接目視しており，減速措置を講じることは容易であったにもかかわらず，減速措置を講じることなく被告車を追い抜こうとしたことを考慮すると，過失割合は被告山本が8割，原告高崎が2割と判断した。

3 判決書の記載

(1) 争点の記載

争点は，**事故態様，被告山本の過失，原告高崎の過失**及び**過失割合**であったことから，そのように記載した。また，本件は，裁判所が認定した事故態様が，原告らが主張する事故態様と被告らが主張する事故態様いずれとも異なる場合であるが（いわゆる第3のストーリーを認定した場合），当事者が主張する事故態様を記載した方が分かりやすいと思い，当事者の主張を記載した。ただし，当事者の主張は図面を利用して要旨を簡潔に記載した。

(2) 当裁判所の判断の記載

ア 事故態様

当裁判所の判断には，まず認定した事故態様を記載し，次に認定事実に反する証拠の排斥理由を記載した。認定事実に反する証拠は被告山本の供述及び原告高崎の供述である。排斥理由は説得力があると思われたものを記載した。

イ 被告山本の過失，原告高崎の過失及び過失割合

被告山本の過失及び原告高崎の過失に対する判断は，被告山本と原告高崎の過失を端的に記載した。過失割合に対する判断は，緑の本に記載されている事故態様であったことから，双方の過失の対比及び修正要素を記載した。

【ケース６】
交差点における出合い頭衝突事故で，信号の色が争点になり，事故現場の道路状況から信号の色が認定できたケース

平成○○年○月○日判決言渡　同日原本領収　裁判所書記官

平成○○年(ハ)第○○○○号　損害賠償請求事件（本訴）

平成○○年(ハ)第○○○○号　損害賠償請求事件（反訴）

口頭弁論終結日　平成○○年○月○日

判　　　決

東京都○○区○○１丁目２番３号

　　　本訴原告・反訴被告（以下「原告」という。）

　　　　　　　　　　　　　　　　○　　○　　○　　○

　　　同訴訟代理人弁護士　　　　○　　○　　○　　○

東京都○○区○○２丁目３番４号

　　　本訴被告・反訴原告（以下「被告」という。）

　　　　　　　　　　　　　　　　○　　○　　○　　○

　　　同訴訟代理人弁護士　　　　○　　○　　○　　○

主　　　文

1　被告は，原告に対し，１６万９９００円及びこれに対する平成２６年８月２１日から支払済みまで年５分の割合による金員を支払え。

2　原告は，被告に対し，２万０８００円及びこれに対する平成２６年８月２１日から支払済みまで年５分の割合による金員を支払え。

3　原告及び被告のその余の請求をいずれも棄却する。

4　訴訟費用は，本訴反訴を通じてこれを２０分し，その１を原告の負担とし，その余を被告の負担とする。

5　この判決は，第１項及び第２項に限り，仮に執行することができる。

事　実　及　び　理　由

第１　請求

　（本訴）

　　被告は，原告に対し，１７万８０００円及びこれに対する平成２６年８月

２１日から支払済みまで年５分の割合による金員を支払え。

（反訴）

原告は，被告に対し，４１万６０００円及びこれに対する平成２６年８月２１日から支払済みまで年５分の割合による金員を支払え。

第２　事案の概要

本訴・反訴とも民法７０９条に基づく損害賠償請求及び遅延損害金請求

1　前提事実

(1)　交通事故（本件事故）の発生

　ア　日時　平成２６年８月２１日午後２時５５分頃

　イ　場所　○○先の信号機により交通整理の行われている交差点（本件交差点）本件交差点の状況は別紙図面のとおり

　ウ　事故車

　　　原告所有・運転の普通自動二輪車（原告車）

　　　被告所有・運転の普通乗用自動車（被告車）

　エ　事故態様

　　　北から南へ進行していた原告車と，西から東へ進行していた被告車が，図面の⊗付近で衝突した。衝突箇所は，原告車の前部と被告車の左側部である。

(2)　原告の損害及び被告の損害

　　原告の損害は原告車の修理費用１６万２０００円（甲２），被告の損害は被告車の修理費用３７万８０００円（乙１）である。

2　争点及び当事者の主張の要旨

信号の色，被告の過失，原告の過失及び過失割合

（原告）

原告は，対面信号が赤であったため，本件交差点手前の停止線で一旦停止しようとしたが（図面の㋐），先を急いでいたことから，本件交差点手前の横断

歩道まで徐行し，対面信号が青になると同時に本件交差点に進入したところ（図面の㋒），被告車と衝突した（図面の㋓）。

（被告）

被告は，対面信号が青であったため，時速約５０ｋｍの速度で本件交差点を直進しようとしていたが（図面の②），本件交差点手前の停止線を通過する時，対面信号が黄に変わった（図面の③）。しかし，安全に停止できなかったため，そのまま本件交差点に進入したところ（図面の④），原告車と衝突した（図面の⑥）。

第３　当裁判所の判断

１　信号の色

(1) 証拠（甲３ないし５，乙２，調査嘱託の結果，原告本人）を総合すれば，原告の主張どおりの事実が認められる。

(2) 被告本人は，被告の主張どおり供述するが，次の理由により採用できない。

被告車の時速が，被告本人の供述どおり時速約５０ｋｍ（秒速約１３．８ｍ）であったとすると，図面の③から図面の⑥までの距離は約１４．６ｍであるから，被告車は約１秒で原告車と衝突した地点に達することになる。そうすると，被告車進行道路の信号サイクルは黄３秒，全赤３秒であるから（調査嘱託の結果），被告車が衝突地点に達するまでの約１秒を考慮すると，原告車は対面信号が青になる約５秒前に本件交差点に赤で進入したことになる。しかし，原告車進行道路から本件交差点左右を見通すのは困難であり，原告車進行道路から本件交差点左右を見通すには，本件交差点手前の横断歩道まで進行する必要があること（甲３），被告車進行道路の制限速度は時速５０ｋｍであり，交通量は頻繁であること（乙２）に照らすと，先を急いでいたという事情のみで，原告が，被告本人が供述するような危険な運転をするとは考えにくい。

２　被告の過失，原告の過失及び過失割合

1の認定事実によれば，被告には信号遵守義務違反の過失がある。

　他方，原告にも，本件交差点手前の停止線で停止せず，対面信号が青に変わると同時に左右を確認しないまま本件交差点に進入した（原告本人）過失がある。

　以上の被告及び原告の過失を対比すると，過失割合は，被告が95パーセント，原告が5パーセントとするのが相当である。

第4　結論

　よって，本訴の認容額は16万9900円（16万2000円の95パーセントである15万3900円及び弁護士費用1万6000円の合計額），反訴の認容額は2万0800円（37万8000円の5パーセントである1万8900円及び弁護士費用1900円の合計額）となる。

　　○○簡易裁判所
　　　　裁判官

別紙

交通事故現場見取図 （注）図面はイメージ図であり，実際の図面とは異なる。

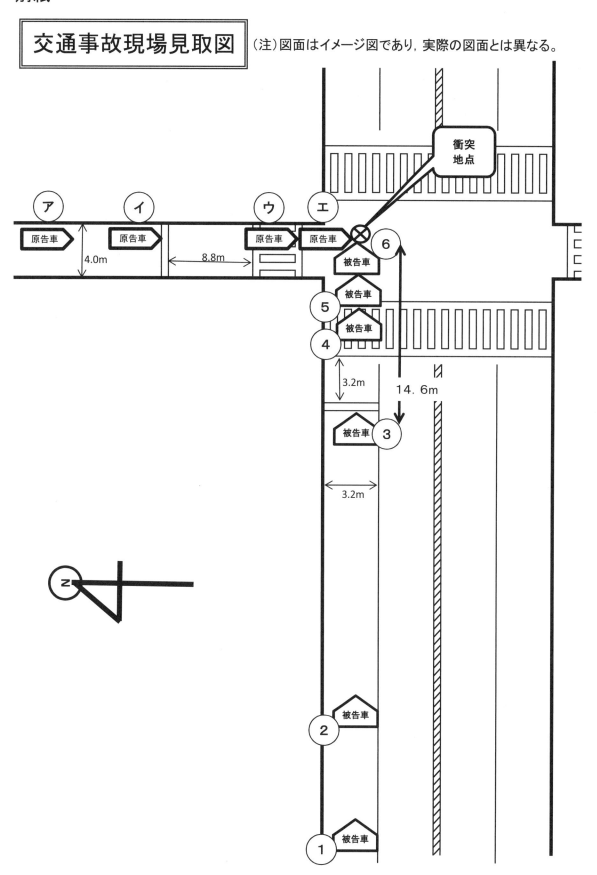

ケース6の説明

1 争点整理の過程

(1) 本訴の実質的第1回口頭弁論期日の審理

ア 争点の確認

双方に争点を確認したところ，事故態様，特に信号の色に争いがあるとのことであり，争点は被告の過失，原告の過失及び過失割合であった。原告の損害（修理費）は，被告代理人は不知と認否していたが，見積書（甲2）の信用性を積極的に争う予定はないとのことであった。また，被告代理人が被告の損害（修理費）について反訴を提起する予定とのことであった。なお，原告の人身損害は自賠責保険金で填補されたとのことであった。

イ 立証予定の確認

双方に今後の立証予定を確認したところ，被告代理人が，調査会社が作成した報告書があるので書証として提出する予定とのことであった。なお，実況見分調書は作成されていないとのことであった。また，被告代理人が信号サイクルについて調査嘱託を申し立てる予定とのことであり，期日外で採用することにした。

ウ 手続の選択と司法委員の活用の検討

争点整理は口頭弁論で行うことにした[96]。また，司法委員を活用するかどうかは，今後の進行を見て決めることにした（なお，結果として，本ケースでは司法委員を指定せずに手続を進めた。）。

(2) その後の審理

ア 反訴提起

被告の損害（修理費）について反訴が提起され，見積書（乙1）が提出された。

イ 争点の整理と判決書に添付する事故現場の図面の確定

被告の損害に対する原告代理人の認否は不知であったが，見積書の信用性を積極的に争う予定はないとのことであった。

また，調査会社の報告書（乙2）が提出された。同報告書には，原告及び被告の指示説明が記載された事故現場の図面が添付されており，双方に確認したところ，事故現場の道路状況並びに原告及び被告が主張する事故態様はこの図面に記載されたとおりとのことであったため，同図面を判決書に添付することにした。

ウ 必要書証の提出

その後，原告から本件交差点の見通し状況に関する報告書（甲3）が提出された。また，調査嘱託の回答があり，それによれば，本件交差点の信号サイクルは，被告車進行道路が青56秒，黄3秒，赤31秒，原告車進行道路が赤61秒（うち全赤2秒），

---

[96] 弁論準備手続で行うことも考えられる。

青23秒，黄3秒，赤3秒（全赤）であった。

エ　事故態様の検討（動かし難い事実と当事者の陳述の整合性の検討）

　この段階で動かし難い事実から本件事故時の信号の色を検討したところ，被告の主張どおりであったとすると，原告車は対面信号が青になる約5秒前に本件交差点に赤で進入したことになるが，原告進行道路からの本件交差点左右の見通し状況及び被告車進行道路の制限速度は時速50ｋｍであり，交通量は頻繁であることに照らすと，信号の色は原告の主張どおりと認めるのが相当であり，被告の主張は不自然・不合理であるように思われた。

オ　人証調べ前の心証開示の検討と人証調べの決定

　そこで，暫定的心証を双方に伝えるかどうか検討したところ，双方とも人証調べを強く希望しており，和解も仮に成立するとしても人証調べ後でないと難しいと述べたことから，この段階で暫定的心証を伝えるのは控え，暫定的心証が正しいことを確認するために人証調べを実施することにした。

2　争点に対する判断の過程

(1)　事故態様（信号の色）

　人証調べの結果，原告本人の供述に不自然・不合理な点はなく，被告本人の供述が不自然・不合理であることが確認できた。

(2)　過失割合

　本件事故は，単車である原告車と四輪車である被告車が信号機により交通整理の行われている交差点において出合い頭に衝突した事故であり，原告車の信号は青，被告車の信号は赤と認められたから，緑の本の【160】によって過失割合を定めるのが相当と判断した。そうすると，基本割合は原告が0パーセント，被告が100パーセントとなるが，原告本人の供述によれば，原告は，本件交差点手前の停止線で停止せず，対面信号が青に変わると同時に左右を確認しないまま本件交差点に進入したと認められたから，原告にも過失があると認められた。そこで，過失割合は，被告が95パーセント，原告が5パーセントと判断した。

(3)　その他（人証調べ後の当事者に対する心証の説明）

　なお，原告は，被告はサンダルを履いて被告車を運転していたから，その事情も考慮すると，過失割合は被告100パーセントになるべきだと主張していた。他方，被告は，その事実を否認するとともに，仮にその事実が認められたとしても，その事実は過失割合の判断に影響しないと主張していた。証拠調べの結果，被告がサンダルを履いて被告車を運転していたとの確定的心証は形成できなかったが，仮にその事実が認められたとしても，その事実が過失割合の判断に影響を与えないことは明らかと考えた。そして，人証調べ後の和解で原告に口頭でそのように説明したことから，判決書には

この点について何も記載しないことにした。

3 判決書の記載
(1) 前提事実及び争点の記載
　前提事実に，事故態様のうち信号の色を除く事実を記載し，争点を，「**信号の色，被告の過失，原告の過失及び過失割合**」と記載した。また，本件は当事者の主張を記載した方が分かりやすいと思い，当事者の主張を簡潔に記載した。

(2) 当裁判所の判断の記載
ア　信号の色
　当裁判所の判断には，まず信号の色は原告の主張どおり認められることを記載し，次に認定事実に反する被告本人の供述の排斥理由を記載した。その理由は被告本人の供述が事故現場の道路状況と整合しないことである。原告本人の供述が信用できる理由（事故現場の道路状況と整合すること）の記載は省略した。

イ　被告の過失，原告の過失及び過失割合
　被告の過失及び原告の過失を端的に記載し，過失割合は，緑の本に記載されている事故態様であったことから，双方の過失を対比して定めた旨のみ記載した。

【ケース7】
　交差点における出合い頭衝突事故で，信号の色が争点になり，車の損傷状況及び事故現場の道路状況からは信号の色が認定できず，供述の一貫性によって当事者の供述の信用性を判断したケース

平成○○年○月○日判決言渡　同日原本領収　裁判所書記官
平成○○年(ハ)第○○○○号　求償金請求事件（以下「第1事件」という。）
同第○○○○号　損害賠償請求事件（以下「第2事件」という。）
口頭弁論終結の日　平成○○年○月○日

判　　　決

東京都○○区○○1丁目2番3号
　　第1事件原告　　　　　　　　　　○○損害保険株式会社
　　　　　　　　　　　　　　　　　（以下「原告保険会社」という。）
　　同代表者代表取締役　　　　　　○　　○　　○　　○
東京都○○区○○2丁目3番4号
　　第2事件被告　　　　　　　　　　宮　　崎　　涼　　子
（以下「被告宮崎」といい，原告保険会社と併せて「原告保険会社ら」という。）
　　上記2名訴訟代理人弁護士　　　○　　○　　○　　○
東京都○○区○○3丁目4番5号
　　第1事件被告兼第2事件原告　　石　　川　　　篤
　　　　　　　　　　　　　　　　　（以下「原告石川」という。）
　　上記訴訟代理人弁護士　　　　　○　　○　　○　　○

主　　　文

1　原告石川は，原告保険会社に対し，89万0660円及び内金84万1880円に対する平成26年1月26日から，内金4万8780円に対する同年3月16日から各支払済みまで年5パーセントの割合による金員を支払え。
2　原告石川の請求を棄却する。
3　訴訟費用は，第1事件及び第2事件を通じ，原告石川の負担とする。
4　この判決は，第1項に限り，仮に執行することができる。

事　実　及　び　理　由

第1　請求

（第1事件）

主文1項同旨

（第2事件）

被告宮崎は，原告石川に対し，７５万０９６８円及びこれに対する平成２５年１０月５日から支払済みまで年５パーセントの割合による金員を支払え。

第２　事案の概要

1　第1事件　民法７０９条に基づく損害賠償請求（保険代位）及び保険金各支払日の翌日からの遅延損害金請求

　　第2事件　民法７０９条に基づく損害賠償請求及び遅延損害金請求

2　争いのない事実等

(1)　交通事故（本件事故）の発生

　ア　日時　平成２５年１０月５日午前５時３０分頃

　イ　場所　東京都○○区○○３丁目２番１号の信号機のある交差点（本件交差点）本件交差点の状況は別紙見取図のとおり

　ウ　事故車　被告宮崎所有・運転の普通自動車（宮崎車）

　　　　　　　原告石川所有・運転の普通自動車（石川車）

　エ　事故態様　南北道路を南から北に進行した宮崎車と東西道路を東から西に進行した石川車が衝突した。

(2)　被告宮崎の損害等

　ア　本件事故により宮崎車は経済的に全損した。被告宮崎の損害は，本件事故時の宮崎車の価格（８６万７０００円）から宮崎車売却代金（２万５１２０円）を控除した８４万１８８０円及びレッカー費用４万８７８０円の合計８９万０６６０円である（甲４）。

　イ　原告保険会社は，被告宮崎との間の自動車保険契約に基づき，被告宮崎に対し，平成２６年１月２５日に８４万１８８０円，同年３月１５日に４万８７８０円を支払った（甲５）。

(3) 原告石川の損害

原告石川の損害は，修理費用６８万２９６８円である（乙１）。また，原告石川は，弁護士費用６万８０００円を請求している。

3 争点

原告石川の過失，被告宮崎の過失（石川車及び宮崎車の本件交差点進入時の信号の色），過失割合

（原告保険会社らの主張）

石川車は赤色表示に従わず，宮崎車は青色表示に従った。過失割合は，原告石川１００，被告宮崎０である。

（原告石川の主張）

宮崎車は赤色表示に従わず，石川車は黄色表示の間に本件交差点に進入した。過失割合は，被告宮崎１００，原告石川０である。

第3 当裁判所の判断

1 証拠（甲２，６，被告宮崎本人）及び弁論の全趣旨によれば，次の事実が認められる。

被告宮崎は，対面信号が赤色だったため，別紙見取図①地点で停止していたが，対面信号が青色になったことから，本件交差点に進入したところ，原告石川が赤色表示に従わずに本件交差点に進入してきたことから，同図②地点で，宮崎車と石川車が衝突した。

2 原告石川は，時速４０ｋｍ程度で進行していたところ，本件交差点手前の停止線（本件停止線）直前で信号が青色から黄色に変わったが，安全に停止できなかったため本件交差点に進入したと述べる（乙２，原告石川本人）。

しかし，原告石川は，本件事故の３日後に行われた実況見分において，本件停止線の手前約２０ｍの地点で黄色点滅信号を確認したと指示説明しており（甲２），原告石川の供述は変遷している。

原告石川は，前記指示説明をしていないと供述するが，捜査機関は前記実況

見分後に本件交差点の信号機の灯火が時間帯により切り替わるか否か捜査し，本件信号が，平日の午後１０時から午前５時までの間は，石川車進行方向が黄色点滅灯火，宮崎車進行方向が赤色点滅灯火になることを確認しており（甲３），原告石川が黄色点滅信号を確認した旨を指示説明しなければ，そのような捜査を行う必要がなく，また，捜査機関が立会人の指示説明と全く異なる実況見分調書を作成することも考えがたい。

　結局，本件事故は，石川車進行方向の信号が黄色信号であったにもかかわらず，これを黄色点滅信号と勘違いした原告石川が，その後，信号に注意することなく，赤信号を見落として本件交差点に進入して発生した事故と認められ，この認定に反する原告石川の供述は信用できない。

3　1の認定事実によれば，原告石川の過失は認められ，被告宮崎の過失は認められない。

第4　結論

　よって，原告保険会社の請求は理由があり，原告石川の請求は理由がない。

　　○○簡易裁判所
　　　裁判官

別紙

交通事故現場見取図　　（注）図面はイメージ図であり，実際の図面とは異なる。

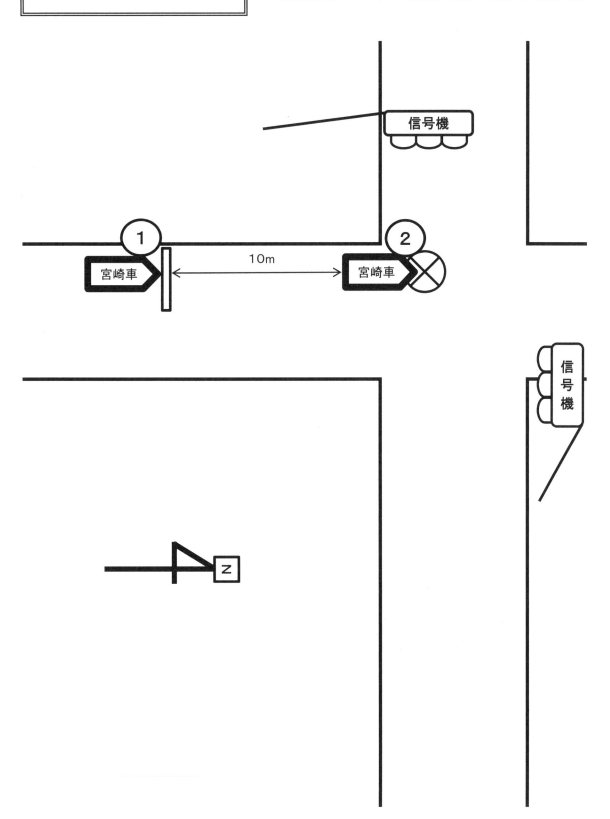

ケース7の説明

1 争点整理の過程

(1) 第1事件の実質的第1回口頭弁論期日の審理

ア 争点の確認
争点を確認したところ，争点は宮崎車と石川車の交差点進入時の信号の色であり，原告石川は別訴を提起するとのことであった。

イ 争いのない事実の確認と判決書に添付する事故現場の図面の確定
証拠として，交通事故証明書（甲1），実況見分調書（甲2），捜査報告書（甲3），保険会社作成の自動車車両損害調査報告書（甲4）及び支払履歴（甲5）が提出されており，事故現場の道路状況は実況見分調書の交通事故現場見取図（見取図）記載のとおりで争いがなく，事故態様も信号の色を除き見取図記載のとおりで争いがなかった。

ウ 立証予定の確認と必要書証の提出の促し
双方に対し，信号の色をどのように立証する予定か確認したところ，双方とも人証（被告宮崎及び原告石川）調べで立証すると述べたため，陳述書及び証拠申出書を提出してもらうことにした。

エ 手続の選択と司法委員の活用の検討
争点整理は口頭弁論で行うことにした[97]。また，司法委員を活用するかどうかは，今後の進行を見て決めることにした。

(2) その後の審理

ア 別訴提起
第2事件が提起され，第1事件に併合した。

イ 基本書証及び必要書証の提出
原告保険会社らから，被告宮崎の陳述書（甲6）及び証拠申出書，原告石川から，石川車の修理費用見積書（乙1），原告石川の陳述書（乙2）及び証拠申出書が提出された。

ウ 司法委員の活用の決定
被告宮崎の損害及び原告石川の損害に対する認否は双方とも不知になっていたが，積極的に争う予定はないとのことであり，争点は信号の色に絞られた。そして，信号の色は司法委員の幅広い知見も踏まえて事実認定をすることが適切だと考え，争点整理の途中から司法委員を事件指定することとした。

エ 事故態様の検討
(ア) 事故現場の道路状況及び車の損傷状況と当事者の陳述の整合性の検討

---

[97] 弁論準備手続で行うことも考えられる。

被告宮崎は,「対面信号が赤色だったため,別紙見取図①地点で停止していたが,対面信号が青色になったことから,本件交差点に進入したところ,石川車が赤色表示に従わずに本件交差点に進入してきたことから,同図②地点で,宮崎車と石川車が衝突した」と陳述し（甲6）,他方,原告石川は,「時速40km程度で進行していたところ,本件交差点手前の停止線（本件停止線）直前で信号が青色から黄色に変わったが,安全に停止できなかったため本件交差点に進入した。すると,宮崎車が赤色表示に従わずに本件交差点に進入してきたことから,同図②地点で,宮崎車と石川車が衝突した」と陳述しており（乙2）,どちらの陳述も事故現場の道路状況及び車の損傷状況と矛盾せず,内容自体に格別不自然・不合理な点も見当たらなかった。

(イ)　それ以外の動かし難い事実と当事者の陳述の整合性の検討あるいは当事者の陳述の一貫性の検討

　しかし,実況見分調書（甲2）によれば,原告石川は,本件事故の3日後に行われた実況見分において,本件停止線の手前約20mの地点で黄色点滅信号を確認したと指示説明したことになっており,仮にこれが事実だとすると,信号の色を確認した地点及びその地点における信号の色に関する原告石川の供述は変遷していることになった。そして,捜査報告書（甲3）によれば,捜査機関は前記実況見分後に本件交差点の信号機の灯火が時間帯により切り替わるか否か捜査し,本件信号が,平日の午後10時から午前5時までの間は,石川車進行方向が黄色点滅灯火,宮崎車進行方向が赤色点滅灯火になることを確認していることが認められたから,捜査機関がそのような捜査をしたのは,原告石川が実況見分において前記のような指示説明をしたからではないかと思われた。また,捜査機関が立会人の指示説明と全く異なる実況見分調書を作成することも考え難かった。そうすると,実況見分において原告石川が前記のような指示説明をしたことは事実であり,原告石川の陳述書は信用できないと思われた。そして,被告宮崎の陳述書の信用性を否定する事情が見当たらない本件では,被告宮崎の陳述書どおり事実認定をすることになると思われた。

オ　人証調べ前の心証開示の検討と人証調べの決定

　もっとも,人証調べ前にそのような心証を伝えることは原告石川の反発を招くだけであるし,双方とも人証調べを強く希望していたことから,人証調べを実施することにした。

2　争点に対する判断の過程

　人証調べでは,被告宮崎本人及び原告石川本人ともに陳述書どおりの供述をしたところ,原告石川本人の供述は信用できないとの心証は変わらなかった。結局,本件事故は,石川車進行方向の信号が黄色信号であったにもかかわらず,これを黄色点滅信号と勘違いした原告石川が,その後,信号に注意することなく,赤信号を見落として本件交差点

に進入して発生した事故と認められ，原告石川の一方的過失による事故と判断した。

3 判決書の記載

(1) 前提事実及び争点の記載

前提事実に，事故態様のうち信号の色を除く事実を記載し，争点を，「**原告石川の過失，被告宮崎の過失（石川車及び宮崎車の本件交差点進入時の信号の色），過失割合**」と記載し，信号の色がポイントであることを記載した。また，本件は当事者の主張を記載した方が分かりやすいと思い，当事者の主張を簡潔に記載した。

(2) 当裁判所の判断の記載

ア 信号の色

当裁判所の判断には，まず信号の色は被告宮崎の供述どおり認められることを記載し，次に認定事実に反する原告石川本人の供述の排斥理由を記載した。その理由は原告石川本人の供述が変遷しており信用できないことである。被告宮崎本人の供述が信用できる理由（動かし難い事実と矛盾せず，内容に不自然・不合理な点もないこと）の記載は省略した。

イ 原告石川の過失及び被告宮崎の過失

認定した事故態様によると，原告石川の過失は認められるが，被告宮崎の過失は認められないことを記載した。

(3) その他（訴訟物を特定するのに必要な事実の記載）

原告石川の請求は全部棄却となるため，原告石川が主張する損害が物件損害であることを記載しないと訴訟物が特定できなくなる。そこで，争いのない事実等に原告石川が主張する損害が物件損害であることを記載した。

【ケース8】

事故態様，被告の過失及び原告の過失は争いがなく，過失割合のみが争点になったケース

平成○○年○月○日判決言渡　同日原本領収　裁判所書記官

平成○○年(ハ)第○○○○号　損害賠償請求事件（本訴）

平成○○年(ハ)第○○○○号　損害賠償請求事件（反訴）

口頭弁論終結日　平成○○年○月○日

判　　　決

東京都○○区○○１丁目２番３号

　　本訴原告・反訴被告（以下「原告」という。）

　　　　　　　　　　　　　　　　　　青　木　孝　志

　　同訴訟代理人弁護士　　　　　　　○　○　○　○

東京都○○区○○２丁目３番４号

　　本訴被告　　　　　　　　　　　　渡　辺　義　雄

　　　　　　　　　　　　　　　　　（以下「被告渡辺」という。）

東京都○○区○○３丁目４番５号

　　本訴被告・反訴原告　　　　　　　○○交通株式会社

　（以下「被告会社」といい，被告渡辺と併せて以下「被告ら」という。）

　　同代表者代表取締役　　　　　　　○　○　○　○

　　被告ら訴訟代理人弁護士　　　　　○　○　○　○

主　　　文

1　被告らは，原告に対し，連帯して１４万４７６０円及びこれに対する平成２７年３月１２日から支払済みまで年５分の割合による金員を支払え。

2　原告は，被告会社に対し，３１万３１２０円及びこれに対する平成２７年３月１２日から支払済みまで年５分の割合による金員を支払え。

3　原告及び被告会社のその余の請求をいずれも棄却する。

4　訴訟費用は，本訴反訴を通じ，これを５分し，その４を原告の，その余を被告らの各負担とする。

5　この判決は，第１項及び第２項に限り，仮に執行することができる。

事 実 及 び 理 由

第1 請求

1 本訴

　被告らは，原告に対し，連帯して７１万８８００円及びこれに対する平成２７年３月１２日から支払済みまで年５分の割合による金員を支払え。

2 反訴

　原告は，被告会社に対し，４０万６４００円及びこれに対する平成２７年３月１２日から支払済みまで年５分の割合による金員を支払え。

第2 事案の概要

　本訴　民法７０９条及び７１５条に基づく損害賠償請求及び遅延損害金請求
　反訴　民法７０９条に基づく損害賠償請求及び遅延損害金請求

1 前提事実

(1) 交通事故（本件事故）の発生

　ア　日時　平成２７年３月１２日午後３時１５分頃

　イ　場所　東京都○○区○○４丁目２番８号の片側２車線の道路（制限速度時速４０ｋｍ）

　ウ　事故車

　　原告所有・運転の普通乗用自動車（原告車）

　　被告会社所有・被告渡辺（被告会社の従業員）運転の普通乗用自動車（タクシー）（被告車）

　エ　事故態様（甲７，乙３，４）

　(ｱ)　原告車は，時速約５０ｋｍの速度で第２車線を走行していたところ，同車線の前方が渋滞していたため，合図を出さずに第１車線に進路変更をした。その直後，原告車の前方を走行していた訴外車両が原告車と同じように第２車線から第１車線に進路変更をしたため，原告車は，訴外車両への追突を避けるため急ブレーキをかけ，第１車線に停止した。

(イ) 被告車は，時速約４０ｋｍの速度で第１車線を走行していたところ，原告車が被告車の前方約１０ｍ（車両２台分）の位置に進路変更をしてきたが，減速措置は講じなかった。原告車が第１車線に進路変更をした約２秒後，原告車が急ブレーキをかけたため，原告車への追突を避けるために急ブレーキをかけたが，原告車が第１車線に停止したことから，被告車が原告車に追突した。

(2) 被告渡辺の過失

速度調節義務違反（原告車進路変更後の減速不十分）

(3) 原告の過失

道路交通法２６条の２第２項違反及び急停止

(4) 原告の損害

原告車の修理費用５６万１６００円（甲５）及び代車費用９万７２００円（甲６）

(5) 被告会社の損害

被告車の修理費用３５万６４００円（乙１）

2 争点

過失割合

第3 当裁判所の判断

1 前記事故態様によれば，本件事故の主たる原因は，原告車が被告車の前方約１０ｍの位置に進路変更をし，かつ，急停止したことにあると認められ，被告渡辺の過失は原告の過失と対比すると軽微である。よって，過失割合は，原告８割，被告渡辺２割とするのが相当である。

2 原告は，急停止は訴外車両への追突を避けるためやむを得なかったと主張するが，訴外車両は進路変更後そのまま第１車線を進行していること（乙３）に照らすと，原告車が急停止をする必要があったとはいえず，急停止がやむを得なかったとは認められない。

第4 結論

よって，認容額は次のとおりとなる。

1 本訴 14万4760円（56万1600円と9万7200円の合計65万8800円の2割である13万1760円及び弁護士費用1万3000円）

2 反訴 31万3120円（35万6400円の8割である28万5120円及び弁護士費用2万8000円）

　　○○簡易裁判所

　　　裁判官

ケース8の説明

1 争点整理の過程

(1) 本訴の実質的第1回口頭弁論期日の審理

ア 争点の確認

訴状には，本件事故は被告車が原告車に追突した事故で，被告渡辺の一方的過失によると記載されていた。原告からは，交通事故証明書（甲1），車検証（甲2），原告車の損傷状況の写真（甲3），原告車の修理費用見積書（甲5），代車費用の領収書（甲6）が提出されていた。

答弁書には，被告車が原告車に追突したことは認めるが，原告車が理由なく急停止したからであり，被告渡辺に過失はないと記載されていた。

そこで，実質的第1回口頭弁論期日で原告代理人に急停止の事実を確認したところ，原告代理人は，「急停止したことは間違いないが，原告車の先行車両への追突を避けるためやむを得なかったのであり，道路交通法（以下本ケース説明では「法」という。）24条違反には当たらない。」と述べた。これに対し，被告ら代理人は，「急停止がやむを得なかったとはいえないと考えている。本件事故はドライブレコーダーに記録されており，次回期日までに証拠として提出する。被告会社の損害について反訴を提起する。」と述べた。

イ 手続の選択と司法委員の活用の検討

争点整理は口頭弁論で行うことにした[98]。また，司法委員を活用するかどうかは，今後の進行を見て決めることにした。

(2) その後の審理

ア 反訴提起

反訴が提起された。

イ 基本書証及び必要書証の提出

被告から，被告車の修理費用見積書（乙1），被告車の損傷状況の写真（乙2），ドライブレコーダー（乙3），被告渡辺の陳述書（乙4）が提出された。

ウ 事故態様の検討と暫定的心証の形成

ドライブレコーダーによれば，本件事故は前提事実の事故態様のとおり認められ（ただし，原告車の速度は分からなかった。），原告車が訴外車両への追突を避けるため急ブレーキをかけたことは分かったが，訴外車両は進路変更後そのまま第1車線を進行しており，原告車が急停止をする必要があったとはいえないと思われた。また，ドライブレコーダーによれば，被告車は原告車が進路変更をするまで先行車両との車間距離を保持して走行していたが，原告車が被告車の前方約10m（車両2

---

[98] 弁論準備手続で行うことも考えられる。

台分)の位置に進路変更をしてきたこと，被告車はその時点で減速措置を講じなかったことが認められた。仮に原告車が進路変更をした時点で被告車が減速措置を講じていれば原告車への追突は避けられたのではないかと思われたので，被告ら代理人にその旨伝えると，被告ら代理人は，「被告渡辺の無過失を主張する予定はなく，被告渡辺の過失は争わない。しかし，本件事故は単純な追突事故ではなく，主たる原因は原告にあるから，被告渡辺の過失は1割にとどまる。」と述べた。

これに対し，原告代理人は，まだ原告にドライブレコーダーを確認してもらっていないので，次回までに確認して原告の主張をまとめると述べた。

エ 司法委員の活用の決定

この段階で過失割合について司法委員の意見を聴きたいと考え，司法委員を指定することにした。

オ 争点の確認と暫定的心証に基づく和解勧告

その後，原告代理人から準備書面と原告の陳述書（甲7）が提出された。準備書面には，事故態様はドライブレコーダーのとおりであるが，原告車が急停止したのは訴外車両への追突を避けるためやむを得なかったから法24条違反に当たらない，本件事故は追突事故であるから緑の本【154】が適用され，過失割合は原告20，被告渡辺80（法24条違反がない場合の過失割合）とするのが相当と記載されていた。なお，原告車の走行速度は，原告の陳述書に時速約50kmと記載されていた。

原告代理人に対し，ドライブレコーダーの事故態様からすると，原告に過失があること（法26条の2第2項違反及び急停止）は間違いないと思うがどうかと確認すると，「その点は争わない。しかし，急停止が法24条違反に当たることは争う。過失割合は準備書面に記載したとおりである。」と述べた。

双方に対し，事故態様に争いはなく，あとは法的評価の問題であることを確認した上で和解を試みた。和解は，司法委員と十分に事前評議を行い，司法委員を通じて，原告8割，被告渡辺2割とする裁判所和解案を提示した。しかし，原告が過失割合に納得せず，和解が成立しなかったことから，弁論を終結した。

2 争点に対する判断の過程

本件事故は緑の本【154】が予定している事故態様と異なると考えた。すなわち，【154】は，追突車に前方不注視や車間距離不保持等の過失があることを前提としているところ，被告渡辺に前方不注視があったとは認められず，原告車との車間距離不保持も原告車の進路変更によって生じたからである。したがって，【154】を適用すべきではなく，双方の過失を対比して過失割合を定めるという基本原則に立ち返ることにした。

まず，原告の過失は法26条の2第2項違反及び急停止であったが（争いがない。），訴外車両が進路変更後そのまま第1車線を進行したことからすると急停止の必要があったとはいえず，急停止は法24条違反に当たると判断した。また，法26条の2第2項違反も本件事故の原因になっている以上，過失割合を定める上で考慮すべきと判断した。

他方，被告渡辺の過失は，原告車が被告車の前方約10m（車両2台分）の位置に進路変更をしてきた時点で減速措置を講じなかったことであるが（法70条違反と考えた。），被告車に制限速度違反はなかったことからすると，被告渡辺の過失は軽微と思われた。

　以上の原告と被告渡辺の過失を対比すると，原告の過失が大きいことは明らかであった。しかし，具体的に過失割合を定めるとなると，基準がなく，悩ましかった。そこで，本件事故は進路変更車と後続直進車との事故に類似しているといえることから，緑の本【153】を参考に過失割合を定めることにした。そうすると，合図なしによる修正をすると，原告9割，被告渡辺1割となるが，本件事故は進路変更が完了した後の事故であるから，その点も考慮する必要があると思われた。

　以上を勘案し，過失割合は，原告8割，被告渡辺2割とするのが相当と判断した。

3　判決書の記載

(1)　前提事実及び争点の記載

　前提事実に，争いがない事故態様，被告渡辺の過失，原告の過失，原告の損害及び被告会社の損害を全て記載し，争点を「**過失割合**」と記載した。前提事実に記載した事故態様は，過失割合を判断するために必要な事実を記載した。

(2)　当裁判所の判断の記載

　過失割合に対する判断は，本件事故が緑の本に記載されていない事故態様であったこと，争点は専ら過失割合であり当事者が過失割合にこだわっていたことから，過失割合を定めた理由をある程度詳しく記載した。また，原告が急停止はやむを得なかったと強く主張していたため，その点について応答した。

【ケース9】

駐車場における衝突事故で，争点整理を通じて，争点について当事者と共通認識を形成し，供述の具体性等によって当事者の供述の信用性を判断したケース

平成○○年○月○日判決言渡　同日原本領収　裁判所書記官

平成○○年(ハ)第○○○○号　損害賠償請求事件（第1事件）

平成○○年(ハ)第○○○○号　求償金請求事件（第2事件）

口頭弁論終結日　平成○○年○月○日

判　　　決

東京都○○区○○1丁目2番3号

　　　第1事件原告　　　　　　　　木　村　政　行
　　　　　　　　　　　　　　（以下「原告木村」という。）

同所

　　　第2事件被告　　　　　　　　木　村　恵　子
　　（以下「被告木村」といい，原告木村と併せて以下「木村ら」という。）

　　　木村ら訴訟代理人弁護士　　　○　　○　　○　　○

東京都○○区○○2丁目3番4号

　　　第1事件被告　　　　　　　　山　田　俊　昭
　　　　　　　　　　　　　　（以下「被告山田」という。）

東京都○○区○○3丁目2番1号

　　　第2事件原告　　　　　　　　○○損害保険株式会社
　　（以下「原告保険会社」といい，被告山田と併せて以下「山田ら」という。）

　　　同代表者代表取締役　　　　　○　　○　　○　　○
　　　山田ら訴訟代理人弁護士　　　○　　○　　○　　○

主　　　文

1　被告山田は，原告木村に対し，8万1953円及びこれに対する平成27年8月13日から支払済みまで年5分の割合による金員を支払え。

2　被告木村は，原告保険会社に対し，4万4400円及びこれに対する平成27年8月31日から支払済みまで年5分の割合による金員を支払え。

3 原告木村及び原告保険会社のその余の請求をいずれも棄却する。

4 訴訟費用は，第1事件及び第2事件を通じ，これを10分し，その4を木村らの，その余を山田らの各負担とする[99]。

5 この判決は，第1項及び第2項に限り，仮に執行することができる。

事 実 及 び 理 由

第1 請求

1 第1事件

被告山田は，原告木村に対し，13万7089円及びこれに対する平成27年8月13日から支払済みまで年5分の割合による金員を支払え。

2 第2事件

被告木村は，原告保険会社に対し，11万1000円及びこれに対する平成27年8月31日から支払済みまで年5分の割合による金員を支払え。

第2 事案の概要

〔第1事件〕

民法709条に基づく損害賠償請求及び遅延損害金請求

〔第2事件〕

民法709条に基づく損害賠償請求（保険代位）及び保険金支払日の翌日からの遅延損害金請求

1 争いのない事実等

(1) 交通事故（本件事故）の発生

ア 日　　時　平成27年8月13日午後4時51分頃

イ 場　　所　東京都〇〇区〇〇4丁目5番6号の駐車場（本件駐車場）

本件駐車場は，幅員約5mの南北に走る通路（北行き一方通

---

[99] 訴訟費用の償還は対立当事者間での問題であること，事件ごとに費用負担を定めると訴訟費用額確定手続が煩瑣になること（第1事件について生じたか第2事件について生じたかを区別し得ない費用の処理に困るなど）を考慮して，この事件では，第1事件と第2事件の費用を区別せず，まとめて費用負担の割合を定めている。

行）を挟んで,駐車区画が通路の東側と西側に設けられている。駐車区画は幅約2.3m,長さ約5mである。

　　ウ　事故車両

　　　(ｱ)　木村車　訴外○○販売株式会社所有・原告木村使用・被告木村（原告木村の妻）運転の普通乗用自動車（車長4.69m,車幅1.76m[100]。甲4）

　　　(ｲ)　山田車　被告山田所有・運転の普通乗用自動車（車長4.41m,車幅1.695m。乙6）

　　エ　事故態様　東側の駐車区画から後退中の山田車の後部（主にリアバンパーの左側部分）と,その後方にいた木村車の前部（主にフロントバンパーの右側部分）が,通路の真ん中辺りで接触した。

　(2)　被告山田の過失

　　後退時の安全確認不十分

　(3)　発生した損害額

　　ア　原告木村の損害額

　　　木村車の修理費相当額　12万4089円（甲3）

　　イ　被告山田の損害額

　　　山田車の修理費相当額　11万1000円（乙2）

　(4)　保険金の支払

　　原告保険会社は,被告山田に対し,平成27年8月30日,被告山田の損害額11万1000円を支払った（乙4）。

2　争点

　事故態様,被告木村の過失,過失割合

第3　争点に対する判断

---

[100] この事件では車長及び車幅も問題になるため,それらの事実を記載した。

1　事故態様

(1) 証拠及び弁論の全趣旨によれば，事故態様は次のとおり認められる。

被告木村は，西側の駐車区画に木村車を後ろ向きに駐車するため，切り返しを何度か行った（被告木村本人）。その後，木村車の車体が駐車区画に収まったが，車体がやや左斜めを向いていたため，被告木村は，車体を真っ直ぐにしようとして木村車を前進させた（被告山田本人）。その際，被告木村は，前方の山田車の動静に注意を払わなかった（弁論の全趣旨）。前進後，被告木村は，山田車が後退してきたことから急ブレーキをかけて木村車を停止させたが，山田車に衝突された（被告木村本人）。

被告山田は，東側の駐車区画から後退しようとしていたが，木村車が何度か切り返しを行っていたため，木村車の駐車が終わるのを待っていた。その後，木村車の車体が駐車区画に収まり，約3秒間，木村車が動かなかったため，被告山田は，木村車の駐車が終わったと思い，視線をルームミラーから右ドアミラーに移し，ギアをバックに入れ，右側の駐車車両に接触しないように気を付けながら，山田車を後退させた。その約2，3秒後，被告山田がハンドルを徐々に右に切りかけた辺りで，山田車が木村車に衝突した（被告山田本人）。

(2) (1)の認定に対し，被告山田は後退中の山田車に木村車が追突したと供述するが，被告山田の供述は推測にすぎないから，採用できない。

被告木村は，木村車の車体が駐車区画に収まった後，約3秒間，木村車が動かなかった事実はないと供述するが，被告山田の供述は，具体的かつ自然で，自己に不利な事実も認めていて信用できるのに対し，被告木村の供述は，抽象的かつ不自然であるから，採用できない。

2　被告木村の過失

上記1の事故態様によれば，被告木村は，木村車を前進させる際，木村車の駐車が終わったと思って後退してくる車両があることを予見し，その動静を確

認すべき義務があったのにこれを怠り，山田車の動静を確認することなく漫然と木村車を前進させたから，被告木村には過失がある。

3 過失割合

被告山田と被告木村の過失を対比すると，木村車の駐車はまだ終わっていなかったにもかかわらず終わったと思い込み，木村車の動静を確認することなく山田車を後退させた被告山田の過失が大きいというべきである。よって，被告木村と被告山田の過失割合は4対6とするのが相当である。

4 結論

よって，各事件の認容額は次のとおりとなる。

(1) 第1事件　8万1953円

ア　12万4089円（原告木村の損害額）×（1－0.4）＝7万4453円

イ　弁護士費用　7500円

(2) 第2事件　4万4400円

11万1000円（被告山田の損害額）×（1－0.6）＝4万4400円

○○簡易裁判所

裁判官

ケース９の説明

1 争点整理の過程
(1) 第１事件の実質的第１回口頭弁論期日の審理
ア 争点の確認
訴状には「停止していた木村車に山田車が後退して追突（逆突）した。」と記載され，答弁書には「山田車が後退していたことは認めるが，木村車が停止していたことは否認する。木村車が前進して山田車に追突した事故である。」と記載されていた。よって，訴状及び答弁書の記載によれば，木村車が前進していたか停止していたかが争点であった。

原告木村から，事故証明書（甲１），木村車の損傷状況の写真（甲２），修理見積書（甲３）及び車検証（甲４）が提出されていた。

期日で争点を確認したところ，訴状及び答弁書の記載どおり，事故態様，特に木村車が前進していたか停止していたかに争いがあり，被告木村の過失，被告山田の過失，過失割合が争点とのことであった。

イ 別訴提起予定の確認
被告木村代理人は，任意保険会社の求償債権について近日中に別訴を提起する予定とのことであった。

ウ 損害に関する争点の確認
損害については双方とも積極的に争う予定はないとのことであった。

エ 基本書証及び必要書証の提出の促し
事故態様に争いがあったので，被告木村及び被告山田の陳述書の提出を求めた。また，事故現場の写真及び図面が提出されていなかったので，原告木村代理人にその提出を求めた。

オ 手続の選択と司法委員の活用の決定
争点整理は弁論準備手続で行うことにした[101]。また，争点の内容を踏まえて，この段階から司法委員を活用することとし，次回期日から特定の司法委員を事件指定することとした。

(2) その後の審理
ア 別訴提起
原告保険会社から別訴が提起され，第１事件に併合した。

イ 基本書証及び必要書証の提出
木村らから，事故現場の写真（甲５）と図面（甲６）が提出された。事故現場の図面は手書きのため不正確であったが，通路は幅員約５ｍ，駐車区画は長さ約５ｍ，

---

[101] 口頭弁論で行うことも考えられる。

幅約2.3mであることは当事者間に争いがなかった。双方から陳述書が提出され，通路の真ん中辺りで山田車の後部（主にリアバンパーの左側部分）と木村車の前部（主にフロントバンパーの右側部分）が接触したことも争いがなかった。しかし，被告木村の陳述書（甲7）には「西側区画に後ろ向き駐車しようとしていたが，まだ駐車し終わっていないのに山田車が後退してきた。山田車の後退に気付いて停止したが，クラクションを鳴らす間もなく山田車に逆突された。」と記載され，被告山田の陳述書（乙5）には「木村車が駐車し終わったので，後退した。ところが，木村車が再度前進してきたため，木村車と衝突した。後退時，右側車両への接触を避けるため右サイドミラーで右後方を確認していたため，木村車が前進してきたことに気付かなかった。」と記載されていた。

ウ　心証開示による争点の整理

　被告山田の陳述書によれば，被告山田の過失（後退時の安全確認不十分）は認められるとの心証を形成し，山田ら代理人にその旨伝えたところ，山田ら代理人は被告山田の過失は認めると述べた。こうして，争点は被告木村の過失に絞られた。

エ　過失の内容及び過失を基礎づける具体的事実の求釈明

　被告木村の過失について，山田らは木村車が追突したと主張していたが，被告山田は後退時に木村車の動静を確認していないから，木村車が山田車に追突したことを認めるに足りる証拠はなく，その事実を認定するのは困難ではないかと思われた。もっとも，被告山田の陳述書によれば，木村車は駐車し終わったにもかかわらず再度前進してきたとあったから，状況によっては前進時における山田車の動静確認不十分の過失が認められる可能性があると思われた。そこで，双方にその旨伝えたところ，山田ら代理人は被告木村の過失を整理して主張すると述べた。

オ　過失の内容及び過失を基礎づける具体的事実の主張

　その後，山田らから準備書面が提出された。同書面には，被告木村の過失について，主位的には前方不注視による追突だが，予備的に「木村車は何度か切り返しを行った後，車体が駐車区画に収まった。そこで，被告山田は駐車が完了したと思い，ギアをバックに入れて右後方を確認しながら後退したところ，後退を開始してから約2,3秒後に突然衝撃を感じ急停止すると，山田車と木村車が衝突していた。被告木村は，木村車の車体が駐車区画に収まった以上，再度木村車を前進させるに際し，山田車が後退してくることを予見し，その動静を十分確認すべき注意義務があった。しかし，被告木村は，山田車の動静を確認することなく，漫然と木村車を山田車の後退進路に前進させたから，仮に衝突時木村車が停止していたとしても，被告木村には過失がある。」と記載されていた。

　これに対し，木村らの準備書面には「主位的主張は争う。衝突時木村車は停止していた。予備的主張も争う。木村車の車体が駐車区画に収まったことはない。木村車は切り返しを行っていた途中であった。本件事故は，木村車がまだ駐車し終わっていないにもかかわらず，後方を確認せずに後退してきた被告山田の一方的過失に

よる事故である。」と記載されていた。

カ　人証調べの決定

　　山田らの準備書面は事実が具体的に記載されているのに対し，木村らの準備書面は事実の記載が抽象的であった。そこで，木村ら代理人に対し，事故直前の状況をもっと具体的に主張・立証してほしいと伝えたが，木村ら代理人は，「主張・立証責任は山田らにあるから，木村らとしてはこれで十分と考えている。あとは，人証（被告山田及び被告木村）調べで確認してほしい。」と述べたことから，人証調べを実施することにした。

2　争点に対する判断の過程

(1)　被告木村の過失

ア　事故態様の認定

　　争点は被告木村の過失であり，その立証責任は山田らにあることから，人証調べは被告山田から行った。

　　被告山田の供述は具体的かつ自然で，自らに不利な事実（後退時，右側車両への接触を避けるため右サイドミラーで右後方を確認していたため，木村車が前進してきたことに気付かなかったこと）も認めており，動かし難い事実と矛盾する点もなく，信用できると思われた。

　　他方，被告木村の供述は，切り返しを何度か行ったところまでは具体的に供述するものの，本件事故直前の状況の供述は，切り返しのため前進後間もなく山田車の後退に気付き急ブレーキをかけて木村車を停止させた事実以外は抽象的かつ曖昧であり，反対尋問で不利な点を質問されるとよく覚えていないと供述するなど信用し難いと思われた。

　　よって，事故態様は被告山田の供述どおりとの心証を形成した。

イ　主位的主張の検討

　　もっとも，被告山田の供述によっても衝突時木村車が前進していたとの心証は形成できなかったから，主位的主張は認められないと判断した。

ウ　予備的主張の検討

　　被告山田の供述によれば，①木村車は何度か切り返しを行った後，車体が駐車区画にほぼ収まったこと，②そのとき木村車の車体はやや斜めを向いていたため，被告山田は木村車が再度前進してくるかもしれないと思い，しばらく木村車の様子を見ていたが，木村車は前進してこなかったこと，③被告山田が木村車の様子を見ていた時間は約3秒間であったこと，④被告山田は木村車が駐車し終わったと思い，ギアをバックに入れ，視線を木村車から右サイドミラーに移し，右後方を確認しながらゆっくり後退したところ，後退を始めてから約2，3秒後に木村車に衝突したこと，が認められた。

　　これらの事実によれば，被告木村は，木村車の車体が駐車区画にほぼ収まった後，

少なくとも約3秒間，木村車を前進させなかったこと，その後，山田車の後退灯が点灯し，山田車が後退し始めたことが認められた。また，被告木村は，木村車の車体の向きを真っ直ぐにするために木村車を前進させたが，その際，被告木村が山田車の後退を予見して山田車の動静に注意を払ったことをうかがわせる証拠はなく，漫然と木村車を前進させたと推認された。

よって，被告木村の過失は認められると判断した。

(2) 過失割合

本件事故は緑の本に記載されていない事故態様であるから，双方の過失を対比して過失割合を定めることにした。

まず，被告山田の過失は駐車区画退出時（通路進入時）の安全確認不十分であった。次に，被告木村の過失は，木村車の車体が駐車区画にほぼ収まった後約3秒経過した以上，木村車は駐車区画退出車（通路進入車）と同視できるから，被告木村の過失も駐車区画退出時（通路進入時）の安全確認不十分であると考えた。そうすると，双方の過失の内容は同じであるから，過失割合は5対5が原則と考えた。

もっとも，木村車の駐車はまだ完了していなかったこと，被告山田が木村車の様子を見ていた時間はわずか約3秒であったこと，被告山田はその後衝突するまで木村車の動静を全く確認していないこと，被告木村は発進後間もなく山田車の後退に気付いて停止したことを考慮すると，被告山田の過失の方が被告木村の過失より大きいと思われた。そこで，被告山田が6，被告木村が4とするのが相当と判断した。

3 判決書の記載

(1) 前提事実及び争点の記載

争点整理の結果，被告山田の過失は争いがなくなったので前提事実に記載し，争点を「**事故態様，被告木村の過失，過失割合**」と記載した。

(2) 争点に対する判断の記載

ア 事故態様

事故態様は，まず上記争点を判断するために必要な事実を記載し，次に認定事実に反する証拠（被告山田の供述及び被告木村の供述）を排斥する理由を記載した。本件で最も争われていた木村車の車体が駐車区画に収まったとの事実については，被告山田の供述が信用できる理由を記載した方が説得力を増すと考えたことから記載することとし，その上で被告木村の供述が採用できない理由（抽象的かつ不自然）を記載した。

イ 被告木村の過失及び過失割合

認定した事故態様によれば，被告木村には山田車の動静確認不十分の過失が認められることを記載し，最後に，本件事故は緑の本に記載されていない事故態様であっ

たことから，過失割合を定めた理由をある程度詳しく記載した。

【ケース１０】

原告車と被告車が接触したかどうかが争点になり，車の損傷状況から接触の事実は認められないと判断したケース

平成○○年○月○日判決言渡　同日原本領収　裁判所書記官
平成○○年(ハ)第○○○○号　損害賠償請求事件
口頭弁論終結日　平成○○年○月○日

判　　　決

東京都○○区○○１丁目２番３号
　　　原　　　告　　○　○　○　○
　　　同訴訟代理人弁護士　○　○　○　○
東京都○○区○○２丁目３番４号
　　　被　　　告　　○　○　○　○
　　　同訴訟代理人弁護士　○　○　○　○

主　　　文

1　原告の請求を棄却する。
2　訴訟費用は原告の負担とする。

事　実　及　び　理　由

第１　請求

被告は，原告に対し，１１万２６００円及びこれに対する平成２６年１２月７日から支払済みまで年５分の割合による金員を支払え。

第２　事案の概要

民法７０９条に基づく損害賠償請求及び遅延損害金請求

1　原告の主張

(1)　交通事故（本件事故）の発生

ア　日時　平成２６年１２月７日午後３時３５分頃
イ　場所　東京都○○区○○３丁目４番５号先の道路
ウ　事故車
　　原告所有・運転の普通乗用自動車（原告車）
　　被告運転の自転車（被告自転車）

エ　事故態様

原告車が赤信号に従って停止していたところ，原告車の左側から原告車を追い抜いた被告自転車が原告車の左フロントドアに接触し，損傷（以下「本件損傷」という。）が生じた。

(2) 原告の損害

原告車の修理費用１０万２６００円及び弁護士費用１万円

2　被告の主張

否認する。被告自転車は原告車に接触していない。

第3　当裁判所の判断

1　本件損傷は地上高約６５ｃｍから約７５ｃｍの位置に存在する長さ約１０ｃｍの垂直方向の擦過傷であるが（甲２），原告が主張する事故態様によって本件損傷が生じるとは考えにくく，本件全証拠によっても本件損傷が被告自転車との接触によって生じたとは認められない。

2　よって，原告の請求は理由がない。

　　○○簡易裁判所

　　　　裁判官

ケース10の説明

1 争点整理の過程

(1) 実質的第1回口頭弁論期日の審理

ア 争点の確認

訴状及び答弁書から争点は明確であった。

原告から原告車の修理費用見積書（甲1），原告車の損傷状況の報告書（甲2）及び原告車の車検証（甲3）が提出されていた。甲2によれば，本件損傷は地上高約65cmから約75cmの位置に存在する長さ約10cmの垂直方向の擦過傷と認められたところ，原告代理人は，「被告自転車が原告車を追い抜くとき，被告自転車が原告車の左前部に接触する音がしたため，直ちに原告が確認したところ，本件損傷が生じていた。原告車は本件事故の2週間前に購入した新車であり（甲3），本件事故前に本件損傷がなかったことは間違いがない。」と主張し，次回期日までに原告の陳述書を提出すると述べた。

これに対し，被告代理人は，「被告自転車が原告車を左側から追い抜いたことは間違いがない。ただし，前方の信号は青に変わっていた。被告自転車が原告車を追い抜いた後，原告が原告車を運転して被告自転車を追い掛けてきて，被告自転車が原告車に接触したと述べていたが，被告自転車は原告車に接触していない。その証拠に被告自転車には何の損傷もない。」と主張し，次回期日までに被告の陳述書及び被告自転車の写真を提出すると述べた。

イ 基本書証の検討と暫定的心証の形成

原告が主張する事故態様によって本件損傷が生じるとは考えにくかったことから，原告主張の事実は認められないとの暫定的心証を形成したが，念のために原告代理人に本件損傷の形成過程を説明してほしいと伝えた。なお，司法委員を活用する必要はないと考えた。

(2) 次回口頭弁論期日の審理

ア 基本書証及び必要書証の提出

原告から準備書面及び陳述書（甲4）が提出され，被告から陳述書（乙1）及び被告自転車の写真（乙2）が提出された。

イ 原告の主張の検討

原告の準備書面には，原告が主張する事故態様によって本件損傷が生じないとは断定できないと記載されているだけで，本件損傷の形成過程は具体的に記載されていなかった。なお，陳述書には実質的第1回口頭弁論期日で双方が主張していた事実関係が記載されていた。

ウ 審理の進め方に対する代理人の意見の確認と人証調べの要否の見極め

双方に今後の立証予定を確認したところ，原告代理人は原告本人及び被告本人の

人証調べを申請すると述べ，被告代理人はその必要はないと述べた。

　　原告代理人に，人証調べのほかに立証予定はあるか確認したところ，ないとのことであったため，人証調べを実施しても原告が主張する事故によって本件損傷が生じたと認められないとの心証は変わらないと判断し，現時点での証拠で一度判断させてもらいたいと述べ，弁論を終結した。

2　争点に対する判断の過程

本件損傷は地上高約65ｃｍから約75ｃｍの位置に存在する長さ約10ｃｍの垂直方向の擦過傷であるが，原告が主張する事故態様によれば，水平方向の擦過傷が生じることはあっても，垂直方向の擦過傷が生じることは考えにくかった。また，被告自転車はいわゆるスポーツタイプの自転車（ロードバイク）で，かごは設置されていなかったから，仮に被告自転車が原告車に接触したとすれば，被告自転車の最も右側にあるハンドルと思われたところ，ハンドルの地上高は80ｃｍであり（乙２），本件損傷の地上高と整合しなかった。

よって，本件損傷は被告自転車との接触によって生じたとは認められないと判断した。

3　判決書の記載

(1)　新モデルの記載事項が当てはまらないケース

交通事故の発生に争いがあったから，前提事実に交通事故を記載することはできなかった。そこで，新モデルの記載事項にとらわれることなく，民訴法280条の趣旨及び新モデルの記載事項の趣旨を踏まえて判決書を作成した。

(2)　訴訟物を特定する事実の記載

本件は，原告の請求を全部棄却する事案であるから，訴訟物を特定する事実を記載し忘れないように注意した。そこで，「民法709条に基づく損害賠償請求及び遅延損害金請求」と記載し，「１　原告の主張」として原告が主張する交通事故及び損害が物件損害であることを記載した（なお，原告が主張する損害が物件損害であることを示すために，弁護士費用も含めて原告が主張する損害を全て記載した。）。

(3)　当事者の主張の記載

また，原告の主張及び被告の主張を記載することにより，本件の争点が，被告自転車が原告車に接触して本件損傷が生じたかどうかにあることが分かるようにした。

(4)　当裁判所の判断の記載

当裁判所の判断には，原告が主張する請求原因事実（請求を理由づける事実）が認められないことを記載した。その理由は，①原告が主張する事故態様によって本件損傷（垂直方向の擦過傷）が生じるとは考えにくいこと，②本件損傷の地上高と被告自

転車のハンドルの地上高が整合しないことの２つであったが，判決書には，①を記載すれば十分と考え，②は記載しないことにした[102]。

---

[102] 弁護士に対するヒアリング結果によれば，②も記載した方がよいとの意見もあった。

資料編

資料篇

第2編　資料編

資料1　平成25年度簡易裁判所民事事件担当裁判官等事務打合せ資料(簡略判決モデル)
資料2　ある庁が作成した書証提出に関する書式
資料3　ある庁が作成した書証提出に関する書式
資料4　研究員・協力研究員が作成した書証提出に関する書式
資料5　ある庁が作成した参考事項聴取に関する書式
資料6　研究員・協力研究員が作成した参考事項聴取に関する書式

(資料1)

平成25年度

簡易裁判所民事事件担当裁判官等事務打合せ資料
(簡略判決モデル)

最高裁判所事務総局民事局

簡略判決のコンセプト

1 前提となる問題意識

(1) 簡裁の交通損害賠償訴訟は、物損事故の事案がほとんどであるが、証拠が乏しく、事故態様の認定が困難な事案が少なくない。このような事案において、適切な事実認定を行うためには、客観的な道路状況や車の損傷状況などの動かし難い客観的事実をまず確定し、これを核として事故態様を推認していくという作業が重要となる。

(2) しかしながら、簡裁の交通損害賠償訴訟で双方に弁護士が就いた場合は、細かな主張立証を展開する場合が多く、裁判所としてもこれに引きずられ、結論を導くに当たって必要のない間接事実の認定に労力を割いてしまったり、複数の間接事実から事故態様を推認するに当たって重要な間接事実を軽視し、結論を左右しない間接事実を過度に重視するなど間接事実の重み付けを誤ったりするという事態が生じやすい。

　また、当事者が必要な証拠を提出するとは限らないため、裁判所が適切な釈明権行使を行わないと、動かし難い事実を認定するための客観的証拠（写真や図面等）が揃わず、その結果、当事者の供述の細かな信用性評価に立脚した認定をせざるを得ない状況に陥ってしまうこともある。

　そして、このような問題をはらんだ判決は、動かし難い客観的事実を核とした認定がされていないため、細かく冗長で、何を結論の決め手としたのか分からないものとなりがちである。

(3) 以上のとおり、ポイントを押さえた簡潔な判決が書けるか否かと、適切な事実認定及び審理運営ができているか否かは、表裏一体であると考えられる。判決を簡略化する目的のなかには、急増する交通損害賠償訴訟の効率的処理という目的も含まれるが、形式的に枚数を少なくすることを自己目的化したのでは、判決書の質は低下し、かえって無用な控訴を招きかねない。重要なことは、最終的に判決書で何を認定する必要があるかという出口を見据えて、そのために必要な主張と証拠を整理し、もって心証形成をすることであり、そうした審理判断ができていれば、自ずと判決は簡略になると考えられる。

2 判決で認定すべき事項

　それでは、最終的に判決書で認定する必要がある事項は何か。以下、簡裁の交通損害賠償訴訟における最も典型的な事案として、事故態様が争われる事案を念頭に検討をする。

(1) 判決では争点について端的に答えることが必要であるところ、事故態様が争点の事案であれば、判決書では、どのような事故であったのかをまず認定する必要がある（簡略判決モデルの「第3　争点に対する判断　1　事故態様」）。

　なお、事故態様は、過失の有無及び過失相殺の判断をするために必要な限度で認定

をすれば足りるので，事故現場に至る道行きや事故後の行動を長々と認定する必要はない（こうした事情が事故態様の認定に当たって重要な間接事実になる場合もないとはいえないが，そうした場合には，敗訴当事者の主張を排斥する中で説明を加えれば足りるであろう。）。

(2) そして，事故態様を認定するに当たって，最も重要な間接事実となるのは，一般的には，事故現場の道路状況と車の損傷状況の2点である。したがって，こうした核となる事実は，最初に押さえておくことが望ましい（簡略判決モデルの「第2 事案の概要 1 争いのない事故状況等 (3) 事故現場の状況, (5) 両車両の損傷状況」）。

(3) 事故態様を認定した後は，敗訴当事者の主張等に対する排斥理由を簡潔に記載することになる（簡略判決モデルの「第3 争点に対する判断 2 ○○の主張等の検討」）。ただし，排斥理由も，動かし難い客観的事実との整合性を中心にポイントだけを記載すれば足りるので，上記(2)で認定した事故現場の道路状況や車の損傷状況との整合性が，排斥理由の中心となる場合が多いと考えられる。

(4) 最後に，過失相殺の判断と損害額の認定をして，結論を導くことになる。

(5) なお，事故現場の道路状況と車の損傷状況が最も重要な間接事実であるのは上記のとおりであるが，当然のことながら，実際の事件の中には，これらの間接事実のみでは事故態様を直ちに推認できないものもある。また，事故現場の道路状況や車の損傷状況から暫定的な心証形成が可能な場合であっても，なお人証調べが必要な事案もあることにも留意する必要がある。

簡略判決モデルは，オーソドックスな事案をもとに事実認定及び判決書の在り方を示したものであり，今後の活用に当たっては，具体的な事案や証拠関係を無視して機械的に当てはめることがないよう留意されたい。

3 上記2を認定するために必要な審理運営

上記2の出口を意識した審理運営としては，以下の内容が考えられる。

(1) 事故現場の道路状況と車の損傷状況を的確に認定するためには，必要な客観的証拠を早期に提出してもらうことが重要である。これらは基礎的証拠でありながら，簡裁の交通損害賠償訴訟では，正確な道路図面や損傷状況のカラー写真が当事者から提出されないことがある。裁判官は適時適切な釈明権行使を行う必要がある。

(2) また，当事者が細かな間接事実を多数主張してきたときには，一つ一つの間接事実が，事故態様を推認するに当たってどのような意味を有するのか（どのような経験則に基づいているのか，事故態様を推認する力がどの程度あるのか。）について，当事者とよく議論をすることが肝要である。そして，議論に当たっては，裁判官の疑問点を率直に示すことが有用であろう。裁判官が疑問を呈したところ，当事者もその間接事実を重視していなかったという場合も少なくない。

【簡略判決モデル】

平成○○年○月○日判決言渡　同日原本領収　裁判所書記官
平成○○年(ハ)第○○○○号　損害賠償請求事件
口頭弁論終結日　平成○○年○月○日

　　　　　　　　　　判　　　　　決

東京都○○区○○１丁目２番３号
　　　　原　　　告　　　　○　　○　　○　　○
　　　　同訴訟代理人弁護士　○　　○　　○　　○
千葉県○○市○○４丁目５番６号
　　　　被　　　告　　　　○　　○　　○　　○
　　　　同訴訟代理人弁護士　○　　○　　○　　○

　　　　　　　　　　主　　　　　文

1　被告は，原告に対し，６１万６３１５円及びこれに対する平成２３年７月１２日から支払済みまで年５分の割合による金員を支払え。
2　原告のその余の請求を棄却する。
3　訴訟費用は，これを１０分し，その３を原告の負担とし，その余を被告の負担とする。
4　この判決は，第１項に限り，仮に執行することができる。

　　　　　　　　　　事　実　及　び　理　由

第１　請求

　　被告は，原告に対し，８８万０４９５円及びこれに対する平成２３年７月１２日から支払済みまで年５分の割合による金員を支払え。

第２　事案の概要

　　本件は，訴外Ａ運転・原告所有の普通乗用自動車（以下「原告車」という。）と被告運転の普通貨物自動車（以下「被告車」という。）が衝突した事故に関し，原告が被告に対し，民法７０９条に基づき，車両時価相当額，レッカー代及び弁護士費用の合計８８万０４９５円並びにこれに対する不法行為の

【簡略判決モデル】

日から支払済みまで民法所定の年5分の割合による遅延損害金の支払を請求した事案である。【注1】

1 争いのない事故状況等【注2】

次の交通事故が発生した。

(1) 日　　時　　平成23年7月12日午後2時40分頃

(2) 場　　所　　C市木下東1丁目15番地6先路上

(3) 事故現場の状況　本件事故現場は信号機による交通整理の行われている丁字路交差点であり（以下「本件交差点」という。），事故現場の状況は別紙図面のとおりである。【注3】

(4) 両車両の動静　本件交差点を東から西に直進しようとした原告車と，同交差点を西から南に右折しようとした被告車が衝突した。

(5) 両車両の損傷状況　被告車は，左側前部のドア下付近から左側の後輪付近までの側面を損傷した。また，原告車は，フロントバンパ，左右のヘッドライト，エンジンフード等の車両前部を損傷し，経済的全損となった。（甲4，5，乙1）

(6) 発生した損害額　① 車両時価相当額　75万0000円
　　　　　　　　　　② レッカー代　　　5万0450円

2 争点【注4】

事故態様及び過失割合

第3 争点に対する判断

1 事故態様

(1) 前記争いのない事故状況等，後掲証拠及び弁論の全趣旨によれば，次の事実が認められる。【注5】

ア　原告の子であるAは，平成23年7月12日午後2時40分頃，利根川沿いを東西に走る道路（以下「本件道路」という。）の西行き車線において第1車線を走行中，本件交差点を左折しようと考え，左折指示器を点滅

【簡略判決モデル】

させながら，本件交差点に接近した。しかし，本件交差点に近づいたところ，いつも左折している交差点ではないことに気付いたため，本件交差点の停止線の直前で，左折指示器を消し，本件交差点をそのまま直進した。
（甲9，証人A）

イ　他方，被告は，本件道路の東行き車線を走行し，本件交差点を右折するため右折専用車線に入り，交差点中央の右折車待機線で停車していたところ，前方に左折指示器を点滅させながら接近する原告車を発見した。被告は，原告車が左折するものと軽信し，その後の原告車の動静を十分に注視せず，原告車が本件交差点手前で左折指示器を消したことに気付かないまま，被告車を右折進行させた。そして，直進してきた原告車と衝突した。
（甲2，9）

(2)　被告の主張等の検討

上記認定に対し，被告は，本件事故は，いったん本件交差点を左折した原告車が，左折先の横断歩道手前で突然右へ進路を変え，交差点を直進しようとしたために，右折してきた被告車と衝突した事故であると主張し，被告本人尋問において同趣旨の供述をしている。【注6】

しかしながら，被告は，左折する原告車の後ろを追う形で被告車を右折進行させたと供述しているところ，原告車の左折を待って被告車が右折したのであれば，その後に原告車が横断歩道手前で右に進路変更をしたとしても，被告車の左側面と原告車の前面が衝突することはあり得ない。むしろ，前記第2，1(3)の事故現場の状況及び同(5)の両車両の損傷状況からは，被告車が本件交差点を右折進行して，その車体が西行き車線の第1車線に対して直角に近い状態になりつつあったときに，その左側面に，直進してきた原告車の前部が衝突したと推認するのが合理的である。

また，被告は，原告車は減速して左折した後に右に進路を変えたと供述しているが，このような事故態様であれば，衝突時の原告車は低速であっ

− 149 −

【簡略判決モデル】

たはずであり，前記第2，1(5)のとおり，原告車の前面が大きく損傷していることとも整合しない。

　以上によれば，被告の供述は，客観的事実と整合せず，採用することができない。他に前記認定を覆すに足りる証拠もない。

2　過失割合【注7】

　以上の認定事実によれば，事故発生については，交差点を右折するに当たり，対向直進車の進行妨害をしないように進行すべき義務を怠った被告に主たる責任がある。もっとも，Aにも，交差点を直進するに当たり，他車の動静を注視して運転すべき注意義務があったものであり，加えて本件では，自身がいったん左折指示器を点滅させるという紛らわしい行動を取ったのであるから，これを信頼して右折してくる車両の有無及び動静に一層の注意を払うべき義務があったといえる。Aにも，上記注意義務を怠り，漫然と直進した過失があると認められ，以上を勘案すれば，事故発生については，原告側に3割，被告側に7割の過失があったと認めるのが相当である。

3　損害額

　前記第2，1(6)によれば，原告は本件事故により80万0450円の車両損害等を被ったことは争いがないところ，原告について3割の過失相殺をすると，被告が賠償すべき金額は56万0315円となる。そして，本件事案の難易，認容額等その他諸般の事情を考慮すると，本件事故と相当因果関係のある弁護士費用は5万6000円と認めるのが相当である。

　したがって，原告の合計損害額は，61万6315円となる。

第4　結論

　以上によれば，原告の請求は，主文第1項の限度で理由があるが，その余は理由がない。

　　　東京簡易裁判所民事〇室

　　　　　裁判官

別紙

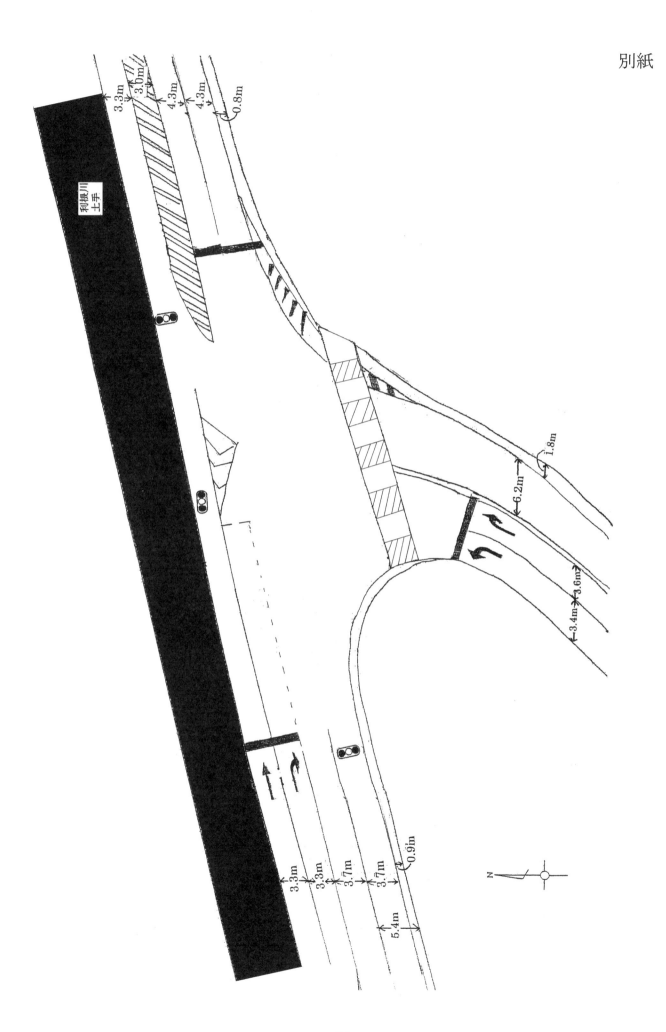

簡略判決モデルの注釈

【注１】
　簡略判決においても，請求の趣旨及び訴訟物を特定するための請求原因を記載しなければならない（民訴法２８０条）。

【注２】
　「争いのない事故状況等」には，当事者間に争いのない事実のほか，証拠によって容易に認定できる事実が含まれている。1(5)の両車両の損傷状況は，証拠によって容易に認定できる事実であり，文末に認定証拠を掲げた。

【注３】
　事故現場の道路状況を文章で書き表そうとすると，判決書が長くなる上，内容が伝わりにくくなるおそれがある。工夫例としては，道路図面を判決書に添付することが考えられるが，簡裁の交通損害賠償訴訟では，正確な道路図面が書証として提出されない場合が少なくない。できるだけ早い段階で，裁判官が正確な道路図面の提出を当事者に求め，これを当事者双方の共通図面として，主張整理を行うことが望ましい（なお，本件では，もととなった記録に共通図面がなかったため，共通図面としては添付できていない。）。また，当事者が道路図面を提出している場合であっても，これを判決書に添付する場合には，その図面が事故現場の道路状況を正確に描いた図面であるか確認する必要がある。

【注４】
　「争点」としては，見出し項目程度の極めて簡潔で概括的な記載をすれば足り，それ以上に，双方当事者の詳しい主張の内容を記載することは必須ではない。当事者の主張を記載しないと，判決書を読む者（特に控訴審裁判官）が事案の内容を把握しづらいのではないかという懸念もあるかもしれないが，「第３　争点に対する判断」において，一方当事者の主張が事実として認定され，他方当事者の主張が排斥されていれば，それによって，双方の主張内容も自ずと明らかとなるといえる。もっとも，主張を記載しないことによって，主張内容の把握が疎かになり，判断に遺漏が生じたりするような事態があってはならないことは当然である。

　なお，「争点」欄に，当事者の主張内容を記載することが相当であると考えられる事案でも，主たる争点が明らかになれば足りるので，簡潔にまとめることが肝要である。

【注５】
　「第３　争点に対する判断」では，まず，事故態様をどのように認定したのか，認定事実を端的に記載することが相当である（証拠評価に終始し，結局どのような事故態様を認定したのか判然としないような判決書は適切ではない。）。

【注６】
　「第３　争点に対する判断」では，当事者の主張等の排斥理由を，簡潔かつ説得的に記載することが肝要である（簡略判決とはいえ，理由に説得力がないと，無用な控訴を招く

ことになる。)。この場合，供述の細かい部分の信用性に深入りすることは適切でない場合が多く，事故現場の道路状況や車の損傷部位などの動かし難い客観的事実から，事実認定を行うことが望ましい。

　なお，本件では，被告の供述以外に被告の主張を裏付ける証拠や間接事実がないので，被告供述の排斥しか行っていないが，敗訴当事者が自らの主張を裏付けるものとして重要な間接事実や重要証拠の指摘を行っている場合には，それらの排斥を行うことも必要である。

【注7】
　過失割合の判断の前提として，双方の運転手について，どのような過失が認められるのか具体的に検討・判断する必要がある。この点の検討が疎かであると，事案が異なるにもかかわらず，形式的に判例タイムズ16号の基準に当てはめて，過失割合の判断を誤るという事態が生じかねない。

【冗長判決モデル】

平成○○年○月○日判決言渡　同日原本領収　裁判所書記官
平成○○年(ハ)第○○○○号損害賠償請求事件
口頭弁論終結日　平成○年○月○日

　　　　　　　　　　判　　　　　決

東京都○○区○○１丁目２番３号
　　　原　　　　　告　　○　　○　　○　　○
　　　同訴訟代理人弁護士　○　　○　　○　　○
千葉県○○市○○４丁目５番６号
　　　被　　　　　告　　○　　○　　○　　○
　　　同訴訟代理人弁護士　○　　○　　○　　○

　　　　　　　　　　主　　　　　文

1　被告は，原告に対し，６１万６３１５円及びこれに対する平成２３年７月１２日から支払済みまで年５分の割合による金員を支払え。
2　原告のその余の請求を棄却する。
3　訴訟費用は，これを１０分し，その３を原告の負担とし，その余を被告の負担とする。
4　この判決は，第１項に限り，仮に執行することができる。

　　　　　　　　　事　実　及　び　理　由

第１　請求
　　被告は，原告に対し，８８万０４９５円及びこれに対する平成２３年７月１２日から支払済みまで年５分の割合による金員を支払え。

第２　事案の概要
　１　事案の要旨
　　本件は，訴外Ａ運転・原告所有の普通乗用自動車と被告運転の普通貨物自動車が衝突した事故に関し，原告が被告に対し，民法７０９条に基づき，車両時価相当額等の損害金８８万０４９５円及びこれに対する不法行為の日から支払

【冗長判決モデル】

済みまで民法所定の年5分の割合による遅延損害金の支払を請求した事案である。

2 争いのない事実

(1) 次の交通事故が発生した（以下「本件事故」という。）。

　ア　日　時　　平成23年7月12日午後2時40分頃

　イ　場　所　　C市木下東1丁目15番地6先路上（以下「本件交差点」という。）

　ウ　関係車両　① 原告所有・原告の子A運転の普通乗用自動車（練馬○○○ほ○○○○。以下「原告車」という。）

　　　　　　　　② 被告運転の普通貨物自動車（大宮○○ち○○○○。以下「被告車」という。）

　エ　事故態様　本件交差点を東から西に直進しようとした原告車と，本件交差点を西から南に右折しようとした被告車が衝突した。

(2) 本件事故により，原告には，以下の損害が発生した。

　ア　車両時価相当額　　75万0000円

　イ　レッカー代　　　　5万0450円

3 争点

(1) 事故態様

(2) 過失割合

(3) 損害額

4 争点に対する当事者の主張

(1) 争点(1)（事故態様）について

（原告の主張）

　ア　Aは，原告車を運転して，利根川沿いを東西に走る道路（以下「本件道路」という。）の西行き車線において第1車線を走行中，信号機による交通整理の行われた本件交差点（丁字路交差点）を左折しようと思い，左折

【冗長判決モデル】

指示器を点滅させながら本件交差点へ接近した。しかし，本件交差点に近づいたところ，左折する交差点を間違えていたことに気が付いたため，本件交差点の停止線より車両１台分程前で左折指示器による合図をやめ，本件交差点を直進した。

　他方，被告は，本件道路の東行き車線を走行してきたが，本件交差点を直進してくる原告車に気が付かず，本件交差点を右折進行してきた。原告車は，右折してくる被告車に気付いて急制動の措置を行ったが，間に合わず，被告車と衝突した。

　本件事故は，被告が，原告車の動静を注視せず，原告車が左折するだろうと思い込んで，漫然と右折を開始したことによって発生したものであり，本件事故発生の主たる責任は被告にある。

イ　これに対し，被告は，左折指示器を点滅させながら本件交差点を左折した原告車が，左折先の横断歩道手前付近で急に突然右へ進路を変え，交差点を直進しようとしたため被告車と衝突したとし，被告車は左折する原告車を後ろから追う形で右折進行していたため，本件事故を回避できなかったと主張する。【注１】

　しかしながら，警察が作成した交通事故現場見取図（甲２）によれば，被告は警察に対して，原告車が左折を開始した地点，左折指示器による合図をやめた地点，左折状態から直進してきた地点等の指示説明をしていないから，被告は，対向車線を走行してくる原告車を１０６．４メートル先に認めて以降，衝突直前まで，原告車の走行状況を見ていなかったと考えるべきである。【注２】

　また，調査会社作成に係る現場調査報告書（乙３）には，被告の申述に基づき再現された現場見取図が添付されているが，同見取図では，被告車が，原告車の左折を待たずに右折をし，原告車とほぼ同時に横断歩道に到達した様子が記載されており，左折する原告車の後ろを追う形で右折進行

【冗長判決モデル】

したとの被告の主張内容と齟齬している。以上によれば，乙3における被告の申述は信用できない。【注2】

（被告の主張）

ア　被告は，本件道路の東行き車線を走行し，本件交差点を右折するために，右折レーンに進路変更して，交差点中央にある右折車待機線で一時停止した。そうしたところ，西行き車線の第1車線の前方約40～50メートルの地点を，原告車が左折指示器を点滅させながら走行してくるのが見えたので，被告は，原告車の左折に続いて右折しようと考えた。そして，原告車は，本件交差点において，減速の上，左折を開始したので，被告車もこれに続いてゆっくりと右折を開始したところ，横断歩道手前付近で，原告車が突然右に進路を変え，交差点を直進しようとしたため，本件事故が発生した。

イ　以上のとおり，本件事故は，いったん左折を開始した原告車が，周囲を確認することなく突然右に進路を変えたことが原因であり，主たる責任は原告側にある。

(2)　争点(2)（過失割合）について【注3】

（原告の主張）

ア　車両等は，交差点で右折する場合において，当該交差点において直進し，又は左折しようとする車両等があるときは，当該車両等の進行妨害をしてはならない（道路交通法37条）。しかし，被告は，原告車が左折指示器を消して本件交差点を直進してくるのを見落とし，原告車が本件交差点を左折するだろうと思いこみ，被告車を右折進入させた結果，原告車に衝突したものである。

イ　本件事故態様は，別冊判例タイムズ16全訂四版「民事交通訴訟における過失相殺率の認定基準」（東京地裁民事交通訴訟研究会編）第60類型（133頁）に該当するため，本件事故の基本過失割合は，直進車2割，

【冗長判決モデル】

右折車8割となる。また，原告車が左折指示器を点滅させていた点が，被告に原告車が左折すると誤信させたとして，原告側の過失として考慮されるとしても，東京地裁平成18年8月28日判決（甲10），名古屋地裁平成14年2月22日判決（甲11）を参考にすれば，原告に3割を超える過失相殺がされることはない。

（被告の主張）

被告車は，左折する原告車の後ろを追う形でゆっくり動いていた状態であったため，突然方向を変え，直進してきた原告車を回避することは不可能であった。被告車は，原告車を信頼して低速で前進していた状況であり，横浜地裁平成5年2月22日判決（乙4）を参考にすれば，被告の過失割合は全体の3割程度に限られる。

(3) 争点(3)（損害額）について【注4】

（原告の主張）

ア 車両時価相当額　75万0000円

本件事故により，原告車は経済的全損となり，原告はその車両時価相当額である75万円の損害を被った。

イ レッカー代　5万0450円

本件事故により，原告車はレッカーの使用を余儀なくされ，原告はその代金5万0450円を支払った。

ウ 弁護士費用　8万0045円

上記損害額の合計は80万0450円であるところ，弁護士費用はその1割である8万0045円が相当である。

（被告の主張）

弁護士費用は争うが，その余は認める。

第3　争点に対する判断【注5】

1　争点(1)（事故態様）について

【冗長判決モデル】

(1) 本件事故当時の道路状況等

前記争いのない事実に，証拠（甲2ないし5，9，乙1，3，証人A）及び弁論の全趣旨を総合すれば，次の事実が認められる。

ア　本件事故現場は別紙図面のとおりである。本件交差点は，左右の見通しのよい丁字路交差点であり，本件事故当時，信号機による交通整理が行われていた。本件道路の西行き車線は2車線であり，東行き車線は，本件交差点の手前で1車線から2車線（直進専用車線と右折専用車線）となっている。また，本件交差点の南側には，横断歩道が設けられている。

イ　Aは，平成23年7月12日午後2時40分頃，本件道路の西行き車線の第1車線を走行していたが，本件交差点を左折しようと考え，本件交差点の停止線の手前30メートルの地点で，左折指示器を点滅させ，時速30キロメートルまで徐行した【注6】。Aは，少なくとも，本件交差点の直前まで左折指示器による合図を出していた。【注7】

ウ　被告は，本件道路の東行き車線を進行し，本件交差点を右折しようとして右折専用車線に入り，本件交差点の右折車待機線で停車したところ，前方に左折指示器を点滅させながら接近してくる原告車を発見した。被告は，原告車の後方に走行車がいなかったことから，原告車の左折に続いて右折しようと考え，右折を開始したところ，原告車と衝突した。【注7】

エ　本件事故により，被告車は，10時方向から力を受け，左側面部のドア下付近から左側の後輪付近までの側面を損傷した。また，原告車は，フロントバンパ，左右のヘッドライト，エンジンフード等が損傷し，経済的全損となった。なお，原告車の前面は右端から左端まで損傷しているが，左の損傷の方がやや強い。

(2) A及び被告の供述等の信用性

本件事故の態様についての当事者の主張は相違しているところ，A及び被告は，それぞれ次のとおり述べているので，その信用性について検討する。

【冗長判決モデル】

ア　Aの供述等

　Aは，証人尋問及び陳述書（甲9）において，「本件道路は，サーフィンに行った帰りによく通る道であり，自宅に帰るためには本件道路を途中で左折する必要があった。このため，私は，西行き車線の第1車線を走行していたが，本件交差点が左折すべき交差点であると勘違いし，いったん左折指示器を出して減速しながら本件交差点に接近した。しかし，近づくにつれて一つ手前の交差点であることが分かったので，交差点入口の停止線より車1台分ほど前で左折指示器を消して，直進するためゆっくりアクセルを踏んで加速しながら交差点に進入した。すると，私が停止線を越え交差点に入ったところで，突然，被告車が発進し，右折してきた。私は急ブレーキを踏んだが止まりきれず，原告車の前部分と被告車の左の助手席ドア部分付近が衝突した。」旨を述べている。【注8】

　Aの上記供述等は，詳細かつ具体的であり，特段，不合理な点も認められないことから，信用できる。【注9】

イ　被告の供述等

　他方，被告は，本人尋問及び平成23年7月15日に行われた調査会社の事情聴取（乙3）において，「私は，本件交差点を右折するため，交差点中央にある右折車待機線で停止しました。このとき，西行き車線の第1車線を走行してくる原告車を約40～50メートル先に発見しましたが，原告車は左ウィンカーを出して左折しようとしていましたので，私は，原告車の左折に続いて右折しようとしました。そして，原告車は速度を落とし，左折しましたが，横断歩道手前あたりで急に進路を変えて，直進に変更してきました。被告車は，原告車がそのまま左折する後を追う状態に位置していたため，驚くだけで何の回避もできない状態でした。」旨を述べている。

　しかしながら，上記供述等と，平成23年7月19日に行われた実況見

- 160 -

【冗長判決モデル】

分における被告の指示説明（甲２）を比較すると，両者は原告車の動きや衝突地点などが異なっていることが認められ，被告の説明は一貫していない。また，被告は，左折する原告車を後ろから追う形で被告車を右折進行させたと供述等しているが，被告の申述に基づいて再現された現場見取図（乙３）では，被告車は原告車の左折を待たずに右折を開始し，原告車とほぼ同時に横断歩道に到達したことになっており，被告の申述と再現図面も整合していない。以上によれば，被告の供述等は信用性が乏しく，採用することができない。【注１０】

(3) まとめ

以上を総合すると，本件事故の態様は，原告主張のとおりであったと推認するのが合理的である。

2　争点(2)（過失割合）について

(1) 前記１の認定事実によれば，被告は，本件交差点を右折するに当たり，対向車線を走行中の車両の有無を確認して，直進車等がある場合には，当該車両の進行妨害をしないように進行すべき注意義務があったのに，これを怠り，原告車の動静を注視しないまま漫然と本件交差点を右折進行した過失がある。

他方，Ａにも，本件交差点を直進するに当たり，対向車線からの右折車両に注意して進行すべき注意義務があり，本件ではこれに加え，Ａは本件交差点の直前まで左折指示器を点滅させていたのであるから，これを信頼して右折してくる車両の有無及び動静に一層の注意を払うべき義務があったといえる。Ａにも，上記注意義務を怠り，漫然と直進した過失があったと認められる。

(2) これらの事実を総合すると，本件事故態様は，前掲判例タイムズの第６０類型（１３３頁）に該当するが【注１１】，Ａが本件交差点の直前まで左折指示器を点滅させていたことを考慮すれば，本件事故発生については，

【冗長判決モデル】

原告側に3割，被告側に7割の過失があったと解するのが相当である。

なお，被告は，参考判決として，横浜地裁平成5年2月22日判決（乙4）を挙げるが，同判決の事案は本件と事故態様を異にしており，本件には妥当しない。【注11】

3 争点(3)（損害額）について

前記争いのない事実によれば，原告は，車両時価相当額及びレッカー代として合計80万0450円の損害を被ったことが認められるところ，前記のとおり，本件については，原告3割，被告7割として過失相殺をするのが相当であるから，前記損害合計額から3割を控除すると，その残額は56万0315円となる。そして，本件事案の難易，認容額等その他諸般の事情を考慮すると，本件事故と相当因果関係のある弁護士費用は5万6000円と認めるのが相当である。

以上より，原告の合計損害額は，61万6315円となる。

第4 結論

以上によれば，原告の被告に対する請求は，61万6315円及びこれに対する不法行為の日である平成23年7月12日から支払済みまで民法所定の年5分の割合による遅延損害金を求める限度で理由があるが，その余は理由がない。

よって，原告の請求を主文の限度で認容し，その余は理由がないから棄却することとする。

東京簡易裁判所民事○室【注12】

裁判官

別紙

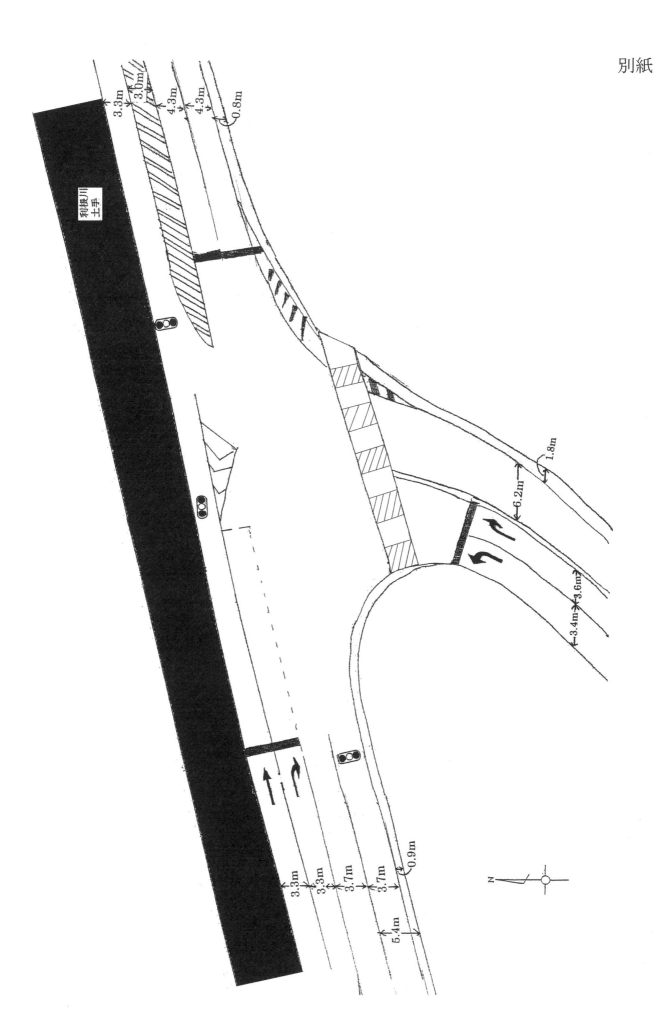

冗長判決モデルの注釈

【注1】
　「争点」として，当事者の主張内容を具体的に記載することは必須ではないが，仮に記載するのであれば，簡潔に書くことが肝要であり，相手方の主張に対する反論まで記載する必要はない。

【注2】
　「争点」として，当事者の主張内容を具体的に記載することは必須ではないが，仮に記載するのであれば，簡潔に書くことが肝要であり，自己の主張を裏付ける間接事実や証拠まで記載する必要はない。

【注3】
　過失割合の主張の要旨を仮に書くとしても，過失割合の主張の根拠となる文献や参考判例まで書く必要は全くない。

【注4】
　本件においては，損害額は中心的争点ではないので，「争点」として挙げる必要はない（被告は，過失割合を争っている結果として，弁護士費用も否認しているに過ぎない。）。

【注5】
　この冗長判決モデルの「第3　争点に対する判断」の記載は，単に理由説示が冗長だというだけでなく，判断の内容としても不適切であると思われる部分を含んでいる。具体的には注6以下を参照されたい。

【注6】
　事故前の車両の位置やスピードに関しては，判断に必要がない限り，細かく認定をする必要はない（確実な証拠がないにもかかわらず，陳述書等で認定をすると，控訴理由書で無用の指摘を受けることになる。）。

【注7】
　この冗長判決モデルでは，争点となっている事故態様（Aが左折指示器を消して直進したのか，それとも左折指示器どおりにいったんは左折したのか。）について，裁判所がどう判断したのかが，第3，1(1)の認定事実からは分からない。しかしながら，簡潔で分かりやすい判決という観点からは，簡略判決モデルのように，まずは，事故態様をどのように認定したのか，認定事実を端的に記載することが相当である。

【注8】
　供述の細かい部分の信用性に深入りして事実認定をすることは，そもそも適切でない場合が多いが，供述の信用性を吟味すべき場合であっても，人証尋問や陳述書の内容を細かく引用するのではなく，骨子を簡略にまとめた上で，検討することが重要である。

【注9】
　この冗長判決モデルでは，供述が「詳細で具体的である」「不合理な点がない」などとい

った評価のみで，Aの供述を信用性が高いと判断しているが，このような評価は印象論になりがちであり，説得的な判示になりにくい。供述の信用性は，客観的事実や客観的証拠の整合性から吟味することが重要である。

【注１０】

この冗長判決モデルでは，被告の供述の一貫性を主な理由として信用性を判断しているが，上記のとおり，供述の信用性は，客観的事実や客観的証拠の整合性から吟味することが重要である。交通損害賠償訴訟では，事故現場の道路状況や車の損傷状況等をはじめとする，動かし難い客観的事実との整合性を検討することが肝要である（簡略判決モデルの理由の説示を参照のこと）。

【注１１】

当該事故態様が，別冊判タ１６のどの類型に該当するかを，判決で記載する必要はない。また，法律問題について判示した最高裁判決の射程が争われている場合はともかくとして，下級審裁判例の射程に言及する必要はない。

【注１２】

この冗長判決モデルは，簡略判決モデルと対比するために，新たに民事局において作成したものであり，実際の事件で言い渡された簡裁判決そのものではない。

(資料2)

交通損害賠償事件（物損）基本書証

○○簡易裁判所民事立会係

1 交通損害賠償事件（物損）を提起する場合は，以下の基本書証を提出していただきますようお願いします。なお，反訴又は別訴を提起する場合も同様です。

　(1) 交通事故証明書
　(2) 自動車検査証
　(3) 事故状況説明図
　(4) 事故現場の写真（カラー）
　(5) 原告車両の修理見積書及び領収書
　(6) 原告車両の損傷部位の写真（カラー）

2 また，争点によって必要となる書証は，以下のとおりです。

　(1) 争点－事故態様，責任原因，過失割合
　　ア 相手方車両の損傷部位の写真（カラー）
　　イ 事故現場の地図
　　ウ 事故状況調査報告書（保険会社作成の報告書）
　　エ 運転手，目撃者の陳述書
　　オ ドライブレコーダー
　　カ 実況見分調書（刑事記録）
　　キ 事故現場見取図（刑事記録）
　　ク 起訴状，判決書，信号機表示周期表（いずれも刑事記録）
　　ケ 物件事故報告書

　(2) 争点－損害額
　　ア 登録事項等証明書
　　イ 原告車両の修理代金請求書
　　ウ 自動車価格月報（レッドブック，オートガイド社），中古車価格月報（イエローブック，財団法人日本自動車査定協会）
　　エ 修理業者の陳述書
　　オ 示談書，念書
　　カ 代車料を支払った領収書

(資料３)

(弁護士交付用)

証拠書類一覧表(〇〇簡裁における交通事故関連訴訟)

※ この一覧表は基本的な証拠書類を記載したものです。
場合によっては，この一覧表に記載されているもの以外でも，裁判官の指示により，追加で提出していただくことがあります。

※ この一覧表記載の証拠は，交通事故関連訴訟において，一般的に提出していただいているものを例示したものです。

1 基本的に全事件について提出してもらうもの
- ☐ 交通事故証明書
- ☐ 事故車の写真(破損部分を含む。カラー写真が好ましい。)
- ☐ 修理の見積書・領収書
- ☐ 事故状況説明図
- ☐ 事故現場の写真と地図
- ☐ 自動車検査証

2 ケースによっては提出を要するもの
- ☐ (作成されている場合)保険会社等作成にかかる調査報告書
- ☐ 代車費用の領収書・請求書・明細書

3 人身損害について請求をする場合，1に追加して提出してもらうもの
- ☐ 診断書・診断明細書
- ☐ 診療費の領収書(診療報酬明細書)
- ☐ 通院に要した交通費内訳書
- ☐ 休業損害証明書
- ☐ 実況見分調書の送付嘱託申立書(作成されている場合)

(資料３)

(一般交付用)

証拠書類一覧表（交通事故関連訴訟）

※　この一覧表は基本的な証拠書類を記載したものです。
　　場合によっては，この一覧表に記載されているもの以外でも，裁判官の指示により，追加で提出していただくことがあります。

※　この一覧表記載の証拠は，交通事故関連訴訟において，一般的に提出していただいているものを例示したものです。
　　これらを提出することによって請求が全て認められる，というものではありません。

1　基本的に全事件について提出してもらうもの
- ☐　交通事故証明書
- ☐　事故車の写真（破損部分を含む。カラー写真が好ましい。）
- ☐　修理の見積書・領収書
- ☐　事故状況説明図
- ☐　事故現場の写真と地図
- ☐　自動車検査証（もしくは，原告が原告車の所有者であることが分かるもの）　※1

2　ケースによっては提出を要するもの
- ☐　（作成されている場合）保険会社等作成にかかる調査報告書
- ☐　代車費用の領収書・請求書・明細書

3　人身損害について請求をする場合，1に追加して提出してもらうもの
- ☐　診断書・診断明細書
- ☐　診療費の領収書（診療報酬明細書）
- ☐　通院に要した交通費内訳書
- ☐　休業損害証明書
- ☐　実況見分調書の送付嘱託申立書（作成されている場合）

※　自動車検査証等については，証拠書類ではなく，訴状の添付資料として提出していただいても結構です。

(資料４)

平成〇〇年（ハ）第〇〇〇〇号
原告　〇〇　〇〇　　被告　〇〇　〇〇

事　務　連　絡

原告代理人　殿

　　　　　　　　　　　　平成〇年〇月〇日
　　　　　　　　　　　　〇〇簡易裁判所民事〇係
　　　　　　　　　　　　　担当書記官　　　〇〇　〇〇
　　　　　　　　　　　　　電話番号　　　　〇〇〇〇〇〇〇〇〇
　　　　　　　　　　　　　ファックス番号　〇〇〇〇〇〇〇〇〇

　訴訟を迅速かつ円滑に進行させるため，訴状に添付されていない下記の書証（□にチェックをしたもの）を早期に提出していただくようお願いいたします。

記

- □　交通事故証明書
- □　自動車検査証
- □　事故現場の図面
- □　事故現場の写真
　　※　できる限りカラーのもの
- □　原告車両の損傷状況の写真
　　※　できる限りカラーのもの
- □　被告車両の損傷状況の写真【所持している場合に限る】
　　※　できる限りカラーのもの
- □　原告車両の修理見積書
- □

(資料5)

平成　年　月　日

事件番号　平成　年（ハ）第　　号
原　　告
被　　告

交通事件の訴訟進行に関する照会（回答）書

原告（ら）代理人　様
　　　　○○簡易裁判所民事○○係
　　連絡先　TEL：○○-○○-○○○○ダイヤルイン　FAX：○○-○○-○○○○

本件の円滑な進行を図るため，下記事項にご回答（□は該当項目にチェックしてください。）の上，早急に当係あてにご提出ください。

記

1　被告（ら）への訴状の送達は，特別送達の方法でできますか。 　　□ できる　□ 公示送達の可能性がある　□ 不明
2　被告（ら）がこの裁判についての争う見込みの有無及び訴え提起前の事前交渉の有無 　(1)　被告（ら）は　□ 争う見込みである　　□ 争わない　　□ 不明 　(2)　事前交渉は　　□ 特にない　　□ 話し合いがあった　　□ 調停があった
3　事前交渉の相手方及び本件で被告（ら）が弁護士を選任する可能性 　(1)　相手方は　□ 被告本人　□ 保険会社担当者　□ 弁護士　□ その他（　　　） 　(2)　被告（ら）の弁護士選任の予定　□ あり（　　　　弁護士（TEL　　　　）） 　　　　　　　　　　　　　　　　　　□ なし　□ 不明
4　事前交渉での問題点 　　□ 事故態様　□ 過失割合　□ 因果関係　□ 責任の有無　□ 修理額　□ 代車費用 　　□ 被害感情　□ その他（　　　　　　　　　　　　　　　　　　）
5　被告（ら）の任意保険の加入の有無 　　任意保険の加入　□ 有（　　　　　　　　　　　保険）　□ なし　□ 不明
6　第1回口頭弁論期日前に採用を希望する証拠申出の予定 　　□ ある（□送付嘱託　□ 調査嘱託　□ その他　　　　　）□ 特になし
7　和解の希望がありますか。 　　□ ある　　□ 条件次第　　□ 全くない　　□ 未定
8　その他，訴訟進行上，参考になる事項があれば連絡してください。

平成　年　月　日

　　　　回答者：原告（ら）代理人　　　　　　　　　　　　　　　　　　印

(資料6)

平成○○年（ハ）第○○○○号
原告　○○　○○　　被告　○○　○○

参考事項照会（回答）書

原告代理人　殿

　　　　　　　　　　平成○年○月○日
　　　　　　　　　　○○簡易裁判所民事○係
　　　　　　　　　　　担当書記官　　○○　○○
　　　　　　　　　　　電話番号　　　○○○○○○○○○○
　　　　　　　　　　　ファックス番号　○○○○○○○○○○

　訴訟の進行に関して参考とするため，下記事項について照会します。回答は，該当事項の□にレ点を付し，〔　〕内に意見等の内容を簡潔に記載し，末尾に記名押印をした上，できるだけ早期に当係に提出してください（ファクシミリ送信でも差し支えありません。）。

　なお，回答書面は，訴訟記録の一部となります。

記

1　訴え提起前の被告側との事前交渉の有無
　□有　□無

2　事前交渉時における問題点
　□事故態様　□被告側の過失　□原告側の過失　□過失割合
　□損害〔　　　　　　　　　　　　　　〕□その他〔　　　　　　　　〕

3　交渉決裂の理由
　〔　　　　　　　　　　　　　　　　　　　　　　　　　　　　　〕

4　予想される争点
　□2と同じ　□その他〔　　　　　　　　　　　　　　　　　　　　〕

5　和解について
　□早期の和解を希望　□条件次第　□和解は全く考えていない

6　その他，参考になると思われる事項
　〔　　　　　　　　　　　　　　　　　　　　　　　　　　　　　〕

　　　　　　原告代理人　＿＿＿＿＿＿＿＿＿＿＿＿＿＿＿＿＿印

平成27年度司法研究題目及び司法研究員等氏名

第67輯第1号

簡易裁判所における交通損害賠償訴訟事件
の審理・判決に関する研究

研究員

 東 京 地 方 裁 判 所 判 事 村 主 隆 行

 東 京 地 方 裁 判 所 判 事 松 川 まゆみ

 東 京 簡 易 裁 判 所 判 事 上 田 正 俊

 東 京 簡 易 裁 判 所 判 事 藤 岡 謙 三

 明 石 簡 易 裁 判 所 判 事 宇都宮 庫 敏
 (委嘱時　大阪簡易裁判所判事)

 津 島 簡 易 裁 判 所 判 事 矢 倉 章 三
 (委嘱時　名古屋簡易裁判所判事)

協力研究員

 東 京 家 庭 裁 判 所 主 任 書 記 官 岩 下 幸 雅
 (委嘱時　東京簡易裁判所主任書記官)

 大 阪 地 方 裁 判 所 主 任 書 記 官 岡 本 幸 治
 (委嘱時　大阪簡易裁判所主任書記官)

簡易裁判所における交通損害賠償訴訟事件の審理・判決に関する研究	書籍番号　28-19

平成28年12月15日　第 1 版第 1 刷発行
平成31年 3 月30日　第 1 版第 2 刷発行

　　　　　　　　　　編　集　司　法　研　修　所
　　　　　　　　　　発行人　門　田　友　昌
　　　　発行所　一般財団法人　法　曹　会
　　　　　　　〒100-0013　東京都千代田区霞が関 1 - 1 - 1
　　　　　　　　　　　　　振替口座　00120-0-15670
　　　　　　　　　　　　　電　話　03-3581-2146
　　　　　　　　　　　　　http://www.hosokai.or.jp/

落丁・乱丁はお取替えいたします。　　　　印刷製本／中和印刷㈱

ISBN 978-4-908108-67-9